市民討議による民主主義の再生

■プラーヌンクスツェレの特徴・機能・展望

ペーター C. ディーネル

日本プラーヌンクスツェレ研究会 代表
篠藤明徳 訳

Demokratisch Praktisch Gut

Peter C. Dienel

Merkmale, Wirkungen und Perspek
von Planungszellen und Bürgergutac

イマジン出版

訳者まえがき

　我々の前に2つの道がある。ひとつは、ポピュリズムの波に乗って登場する"偉大な権力者"を待望する道と、もうひとつは、市民の討議を拡大し、民主主義を深化させる道である。

　2000年に、"自民党をぶっ壊す！"と絶叫し登場した小泉政権は、新自由主義的改革を通し戦後システムの転換を果たそうとした。しかし、「郵政改革」のシングルイシューを争点として、その是非で「改革」、「抵抗勢力」とレッテル張りする手法は、政治の劇場化を生み、深いところで「民主主義」を傷つけた。また、社会格差は広がり、共同体も危うくなっている。

　しかし、"政権交代"を実現した民主党政権に対し、その統治能力のなさに国民は大きく失望した。今日本を覆っているのは、袋小路に追い込まれた政治状況に、"もううんざりだ"という国民の気分である。

　それに加えて、昨年3月11日、東日本を襲った大地震と津波は、戦後最大の悲劇として国民に打撃を与え、人々は東日本の痛みに共感している。しかし、そうであればあるほど、政治への絶望はより一層強くなっている。福島における原子力発電所事故の惨状は、放射性物質との終わりのない闘いを国民全体に強いている。

　私たちの政治は、どこに行こうとしているのか？　しかし、別の問いかけ方をしよう。私たち国民は、どのような政治を作ろうとしているのか？　私たちが主人公であり、かつ、責任を引き受ける者である以上、他人のせいにはできない。

　本書は、ナチスを生み、しかし、その痛恨の反省の上に戦後民主主義を構築したドイツで、現行の民主主義諸制度の限界とその革新を説いたディーネル教授の著書を初めて邦訳したものである。

　ディーネル教授は、政治の行き詰まりに対して、民主主義の徹底

に解決を求めている。即ち、"人民（すべての市民）による支配"である。今日の政治制度の諸問題を、公共形成における市民の関与の視点から、分析し直す。市民は誰でも平等に公務員を志願することができる。こうして、特定市民が職業として関わる組織が行政である。また、市民は誰でも平等に選挙に立候補することができる。こうして、特定の市民が選出されてできるのが"議会"である。このように、市民の参加を民主主義論から広くとらえなおして、続いて選挙、政党、審議会、市民運動、アドヴォカシー・プランニング（政治的弱者のための代理人計画）など、今日、民主主義の制度的柱と考えられているものを俎上にのせる。その結果、これらの諸制度・諸機関が限界に達し、制度疲労を起こし、自己目的化していると結論付けた。それ故、補完されなければならないと考えた。その具体的方法として考案されたのが、無作為抽出された一般市民が相互討議を通して公共的課題の解決策を提案する「プラーヌンクスツェレ」という手法である。

　プラーヌンクスツェレは、1973年以来、今日まで40年近く65のプロジェクトで実施され、その合計は400近く、参加者数は約1万人にのぼる。ドイツだけではなく、ヨーロッパ各国で、自治体、州、連邦、EUレベルにおいて、実に多くの異なった公共的課題に対して実施され、その姿を具体的に現し、民主主義の新しい可能性を人々に示している。1980年代から活発に議論され始めた討議デモクラシーの具体的手法であるミニ・パブリックスの代表的手法として世界的に注目を集めている。

　本書においてディーネル教授は、高らかに理念と構想を語っているが、教授自身、"具体的で実施可能な手法"を開発することを人生の役割と考えた。従って、生前、教授は、あらゆる場所において"具体的課題"を見つけ、"具体的に解決する"ことのみに奔走された実践家であった。しかし、本書を読めば明らかなように、それを突き動かしてきたのは、"志"である。かつて、マルチン・ルーサー・キング牧師は、"I have a Dream!（私には夢がある）"と語っ

た。オットー・リリエンタールが飛び立ち、100年後の今日、幾千万の人々が地球を行き来しているように、ディーネル教授は、民主主義を立て直す、新しい参加手法プラーヌンクスツェレにより、今世紀のいつか、当たり前のように、全ての人々が"市民"として活動し始める日が来ることを夢見ている。本書では、長年にわたって実施されてきた数多くのプラーヌンクスツェレの実績に基づきながら、民主主義についての熱い思いを読者に強く語りかけている。

　日本では、2005年以降、プラーヌンクスツェレに学び考案された「市民討議会」が、全国の市町村で実施されている。その事例は、北海道網走市から沖縄県宜野湾市まで、既に200を超えている。住民基本台帳から無作為に選ばれた一般市民が、公共的課題について情報提供を受けながら、互いに真剣に語り合い、自分たちの問題として解決策を探ろうとしている。サイレント・マジョリティと言われた人々は、機会が与えられれば、「市民」として登場するのである。

　市民討議会の特徴は、その展開が市民による手弁当の運動が支えていることである。教授は、地球の反対側に位置する日本での市民討議会の展開を非常に喜ばれていた。市民自身が、こうした無作為抽出による一般市民による公共形成を推進し始めたからである。他のミニ・パブリックスのような専門家による社会実験ではなく、また、新しい住民広聴の一手法でもなく、私たちが、責任を持ち、未来を創り上げる「市民」という性格を獲得しようとしている。本書は、こうした意義を私たち一人ひとりに語りかけている。

　本書の出版を待たず、草稿を残し、教授はこの世を旅立たれた。本書は、教授の二男であるハンス・ルートガー・ディーネル博士（ベルリン工科大学、技術・社会研究センター所長）が序言において述べているように、ディーネル教授の、世界に残した"遺言"である。

　　　　　　　　　　　日本プラーヌンクスツェレ研究会　代表
　　　　　　　　　　　篠藤明徳

序言
プラーヌンクスツェレの広範な実施はいつ始まるか？

ハンス・ルートガー・ディーネル
（ベルリン工科大学　技術・社会研究センター　所長）

　私の父、ペーター C. ディーネルの著書「プラーヌンクスツェレ」は、1978 年、西ドイツ出版（現 VS 出版）から発行され、それ以来、2002 年版まで更に 4 版重ねている。プラーヌンクスツェレはドイツだけではなく、直接民主主義の発展に強く貢献し、初版を発行して以来、多く実施されてきた。その際の経験や手法の改善、とりわけ、「市民鑑定」としてプラーヌンクスツェレによる市民提言が標準化されたことなどは、第 2 版以降、巻末にまとめられたが、本の内容自体は変えられなかった。

　ペーター・ディーネルは、2006 年 12 月の死の直前に、多様に実施され最適化されたプラーヌンクスツェレの手法について、重要かつより簡明な形で新しく書き終えた。そして、ここにドイツ語で出版されることとなった。しかし、2008 年、本書は既にポーランド語で出版されている。本書では、民主主義の未来に対する彼の遺言が崇高に語られている。ロベルト・ユングは1970 年末、プラーヌンクスツェレを「社会的発明」と名づけた。それ以来、ディーネルと彼のチームには、後に英国のアン・コーテや日本の篠藤明徳のような民主主義の研究者も加わって、その細部が更に改良された。市民鑑定として、更なる民主主義の手法として補完され、市民陪審、プラーヌンクスツェレ簡易版、実用版として展開している。このような細部にわたる改善により「プラーヌンクスツェレ」の手法は、フォルクスワーゲン社のかつてのビートルのように、ますます成熟したものになった。同時に、その手法は高度に標準化され、それによって、直接民主主義における質を保証した。プラーヌンクスツェレに比べて、他の多くの直接民主主義的手法においては質の保証は

未解決の課題である。

　プラーヌンクスツェレの最も重要な特徴を簡単にまとめてみたい。プラーヌンクスツェレは、市民鑑定人として無作為に抽出され、限定された期間、有償で、日々の義務から解放され、進行役のアシストを受けながら、事前に与えられた解決可能な課題に取り組む市民のグループである。ひとつのプラーヌンクスツェレでは通常20から25名の市民が、大抵の場合、4日間具体的課題の解決に取り組む。専門家や利害関係者は、彼らに対立した情報を与える。常にメンバーチェンジする小グループは公平な会話状況を保証する。提言は市民鑑定としてまとめられる。この市民鑑定は政治的に有効な大きな力を発揮する。というのは、市民の意思が具体的に分かり、参加者の無作為抽出は広範な正統性を保証するからである。提言が人々に広く受容されることは、参加者ばかりではなく、一般市民にとっても、注目される活動の可能性を拓く。プラーヌンクスツェレは、それ故、解決において広範な社会的合意が要請される課題への取り組みに何より適している。このようなタイプの課題にとって、無作為抽出やそれに伴う明らかな代表性と、社会的に受容される解決策を見出す手法であるため、社会全体を拘束する決定を生むことに、プラーヌンクスツェレは他の手法より格段に優れている。

　残念ながら、プラーヌンクスツェレは過去本当に係争的課題に用いられたのは多くなかった。というのは、委託者はこの直接民主主義的手法を危険性の少ない"要望を聞くもの"やガイドライン策定に適用してきたからである。本書によって、自治体、地域、国家レベルにおける係争課題に対するプラーヌンクスツェレの実施に関する広範な議論の道が拓かれるだろう。

プラーヌンクスツェレは何故もっと普及しなかったのか？

　プラーヌンクスツェレや構造的に良く似た市民陪審は、1970年代、全く独立して、ペーター・ディーネル（ヴパタール大学、http://www.planungszelle.de）とアメリカ合衆国の"民主主義的

手法のためのジェファーソンセンター"（http://www.jefferson-center.org）を創設したネッド・クロスビーによって開発された。ペーター・ディーネルとネッド・クロスビーがその政治的発明をしたとき、彼らはその発明が大規模に実施されることを願い、計画し、予言していた。ペーター・ディーネルはその著書「プラーヌンクスツェレ」の中で、数多くのプラーヌンクスツェレを規則的に実施する独自の行政組織の設置を要請していた（Dienel 1978）。プラーヌンクスツェレの実施は全て成功したにも関わらず、今日までヨーロッパ大陸では、それぞれ完結したモデルプロジェクトの段階から抜け出すことに成功していない。以下の図は1970年代以降実施されたプラーヌンクスツェレのプロジェクトの概要を示すものである。

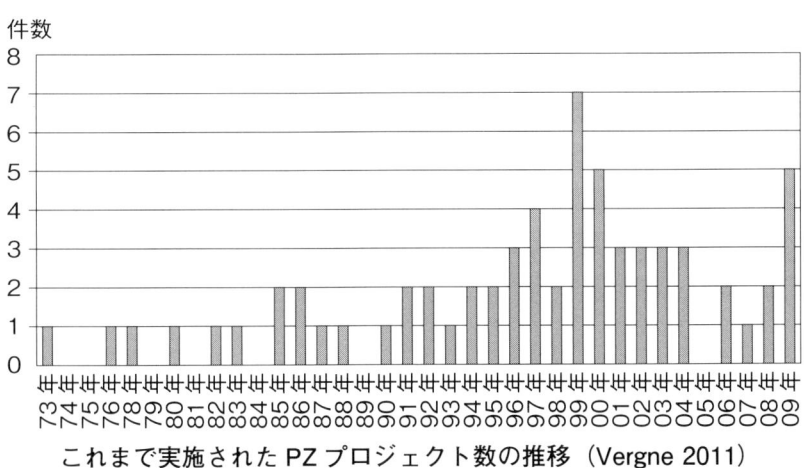

これまで実施されたPZプロジェクト数の推移（Vergne 2011）

　これまで実施されたプロジェクトの合計は65であるが、プラーヌンクスツェレの総計は約400に上る。つまり、約25名からなるプラーヌンクスツェレは大抵4から12実施され、これまで約10,000人の市民がプラーヌンクスツェレのプロジェクトに参加してきた。にもかかわらず、プラーヌンクスツェレの実施は、予定され

た実施の可能性や当初考えられた参加者数を下回っていると言うことができる。

　何故、プラーヌンクスツェレや他の討議的参加手法は、もっと多く実施されなかったのか。直接民主主義を肯定する人やその代表者は、この疑問について文献の中で、直接民主主義の手法は政治家や行政が受け入れることが少ないと非難し、その疑問に大方応えようとしている。代表制民主主義における政治的代表者や専門的に正当性を持つ行政は、他の理由からも市民社会的参加を競争相手と感じ、妨害するのだろう。選出された者は、国民の唯一の代表を自認するし、行政は、市民鑑定人によってその専門知識や専門家の地位を疑問視されるかもしれないと感じ、妨害する。しかし、ペーター・ディーネルはその生涯において、選出された代表者や行政職員に対して、直接民主主義的に正当性を持つ手法や提言は、社会全体に対する決定を実現し、それ故また、代表制民主主義や行政が人々に受容されることを促進すると説得してきた。

　政治や行政の消極性を非難することは確かに正しいが、私は、あまり実施されなかった理由は、それだけでは説明できないと思う。プラーヌンクスツェレの事例は、個々バラバラであったにもかかわらず、ほとんどの場合、非常に成功してきた。しかし、私はこれから他の理由について述べたい。

直接民主主義の手法を推進する人々の特殊志向性
　討議的民主主義を推進する人々自身が、彼らの手法を実現する際のブレーキになっている。この側面をヘルムート・クラーゲスは、プラーヌンクスツェレに直接言及してないが、その研究「参加手法と参加体験」の中で簡潔に述べている（Klages 2001）。多くの直接民主主義的手法、例えば、未来ワークショップや市民運動は、1970年代左翼のオルターナティブの背景を持つ分野で生まれたが、支配関係を批判するだけで、社会改革の代案は示せなかった。当時の手法、つまり、互いに平等に話ができるように椅子を円形に置いて討

議する手法は、あまり話すことができない、或いは、話すことを望まない、社会の多くの人々を排除した。これらの手法は特定の環境の中で見られた。左翼的オルターナティブの背景を持つ、この特殊な志向は、確かに良い例も多くある。例えば、緑の党の内部における、エコロジカルな目標を追求することは、社会の中心でより広く受け入れられるようになった。クラーゲスは、プラーヌンクスツェレ（他の手法も）が、その"発明者"によって、主に対抗的市民運動を建設的市民参加にする試みとして理解されていたことを見過ごしている。

それに対して、公式の市民参加手法は、例えば、自治体レベルにおける聴聞手続が1970年代から法制化されたように、当事者の権利を保障し、計画を却下する可能性を与えた。しかし、未来を建設的に形成することを可能にするものではなかった。

課題と解決手法のミスマッチ

プラーヌンクスツェレ・市民鑑定の手法の特別な長所は、その決定志向である。その手法は、決定が望まれている問題状況に特に適している。しかし、全ての課題がこのタイプに属しているわけでは決してない。解決を新しく考え、創造し、発見しなければならないような、解決策がオープンな課題と異なり、より多くの、代案的で、しかし、一致していない解決策が既に机の上に置かれており、ひとつの決定が必要な課題に適している。というのは、無作為抽出された市民鑑定人が正統性を持ち、人々に受け入れられる提言を出し、それ故、社会全体に対する決定を促すからである。しかし、このようなタイプの課題こそ、代表制民主主義にとっては構造的に難しい。なぜなら、次の選挙で少数者の票も投じられるからである。そのため、係争的課題を延期する傾向がある。私たちは、係争的であるがために延期されたそのような課題をいたるところで見出だす。市民鑑定人は、広く受け入れられる係争的課題についての解決策を考えだし、議会や行政を支えることができ、助けることができ

る。市民鑑定人は、プラーヌンクスツェレの中で、心地良くない真実を話し、辛い決定をすることができる。そのために彼らは召集されたのである。合衆国では増税の特定課題を解決するために市民陪審が実施された。

　創造的余地があり、導入部での遊び、ブレインストーミング、時間が要求されるオープンな課題に対して、プラーヌンクスツェレは、オープンスペースや未来ワークショップのような手法と比較して、特別大きな利点があるわけではない。課題と解決手法のミスマッチの問題は、多くの手法を推進する人々がひとつの手法のみ宣伝し実施することでもっと大きくなっている。特に、手法を考案した人々の世代にこの問題が特にあった。私が話しているのは、ハリソン・オーウエンのオープンスペース、ラース・クルーファスのコンセンサス会議、トニー・ギブソンの「現実のための計画」、ロベルト・ユンクの未来ワークショップ、ホールスト・ティレンスのメディエーション、ネッド・クロスビーの市民陪審、そして、当然のことながら、ペーター・ディーネルのプラーヌンクスツェレのことである。私たちは、課題と手法を一致させるメタ・マッティングの手法が必要である（Fuhrmann 2005）。

プラーヌンクスツェレ・市民鑑定の手法の"新しさ"を強調

　マーケティングの基本的ルールに、"新しいもの"は良く売れるということがある。しかし、プラーヌンクスツェレの手法を広めるためにその手法の新しさを言うことは、諸刃の剣で、普及の障害として返ってきている。これまで実施されたパイロット・プロジェクトの多くは、刷新的試行として行なわれた。その実施は、結果的にその地域や分野で行うとき、初めての実施ということが重要視された。ある事例では、研究費から直接支出された。手法の新規さが実施の動機になることは長くは続かない。多くの試行的実施では熱心な反響があり、広範に受け入れられる提言が出された。つまり、実験は成功したのだが、"新しいもの"という理由で採用されたので、

当然のことながら、その後の実施は無かった。こうしたことを振り返って見ると、この誤りは明らかに分かる。しかし、プラーヌンクスツェレは新規なものではなく、何十年も全く異なった課題に試みられてきた。その長所や有効性は幾重にも証明されてきた。プラーヌンクスツェレと市民鑑定は、すでに試験された問題解決手法として採用されるべきであり、もはや新たな実験として宣伝されるものではない。

手法に対する機関的支援の欠如

　プラーヌンクスツェレやそれに類似した市民陪審の手法が過去数多く実施されたのは2つの国だけである。つまり、イギリスと日本である。両国の場合、それぞれ全く異なったものではあるが、強い機関的支援があった。

　イギリスでは、1995年以来トニー・ブレアのもと労働党政権が、高度に係争的な課題、つまり、保健制度と遺伝子技術に関する新しい政策に対して、その支持を取り付けるために、直接民主主義的な手法である市民陪審を数多く実施した（Kuper 1995, Coote 1997, Barnes 1999, Dunkerley 1997）。結果的に市民陪審の実施は、ある有名な広告会社に委託された。そのため、市民陪審は、政府の方針が広範にただ受け入れられるためのものだとして批判された（Wakeford 2002）。実施機関の中立性は、手法の質保証において最も大切な基準である。それにもかかわらず、100を越える市民陪審の中で、多くの市民は、結果を前提とせずに新しい保健制度について自由に議論し投票した。これは、より広範な実施に向けた大きな1歩であった。市民陪審はイギリスでその後、異なった係争的課題に度々多く実施されてきた。行政が初めてこの直接民主主義的手法を継続的に支援した。

　フランスの大統領候補ロワイヤル女史は数年前、同様のものをフランスのために求めた。こうして、市民陪審を広範に実施することが彼女のマニフェストに入った。

日本ではそれに対して、主に若い経営者で構成される日本青年会議所という非政府組織が"下から"機関的に支援してきた。そのメンバーは40歳までで、麻生太郎元首相も若いとき、その会頭を務めたが、地域レベルで日本を将来的に活性化するために取り組んでいる。この強い（日本全体で約4万人の会員を持つ）、政治的に認められた公益団体が、2004年以来、民主主義的政治手段であるプラーヌンクスツェレの自治体レベルでの普及を、熱意をもって取り組んできた。これまで日本のみがプラーヌンクスツェレ・市民鑑定の広範な実施のための強力な推進者を持ち、大きな成果をあげてきた（Shinoto 2005）。2005年以降、200を越える日本版プラーヌンクスツェレ（市民討議会）が、ほとんどの場合、地域の青年会議所がそれぞれの自治体行政と共催し、地域の課題に対して実施された。毎年開催される市民討議会・見本市では新しい事例を取り上げ、その成功の紹介・情報交換が行なわれ、それを支援するNPO法人市民討議会推進ネットワークにより、日本は成果の上がるボトムアップの道を行っている。イギリスは、それに対してトップダウンの実施で成果をあげている。

　ドイツ語圏のプラーヌンクスツェレ・市民鑑定の将来は、どのようにイギリスと日本の経験から学び、利用するかにもかかっている。プラーヌンクスツェレ・市民鑑定は、手法を知りその利点を理解し広範に用いたいと思う支援者を必要としている。ドイツの中立的実施機関は2007年、質の基準、実施、経験について意見交換するために、ひとつのネットワークを結成した。ネットワークの会合は毎年ヴパタール、ベルリン、ミュンヘンで交互に開催されている（www.partizipative-methoden.de 参照）。もうひとつの取り組みは、異なった手法の比較に関する会議を行なうプロツェーデレ・ネットワークである（www.procedere.org 参照）。2008年11月、市民社会・活性化される国家の作業部会とフリードリッヒ・エバート財団は、プラーヌンクスツェレの実施のための質保証に関する両ネットワークの合同会議を開催した。その成果は論文集として発行さ

れる予定である。
　プラーヌンクスツェレの広範な実施への道の重要な一歩が、本書の出版である。本書をその出版プログラムに採用して頂いたことに対して、J. H. W. Dietz Nachf. 出版とアルブレヒト・コシュッツケ発行人に感謝したい。私は、本書が広く読まれ、刺激的討論が起き、プラーヌンクスツェレの偉大な未来が拓ける事を願っている。

目次

訳者まえがき 3
序言 プラーヌンクスツェレの広範な実施はいつ始まるか？ 7

第1章 新しい市民参加の必要性 19

1 背後にある問題：国家は病んでいる 22
2 利害から自由な理性をもっと組み込め 23
3 ひとつの"計画"がある 24
4 その使命：未来志向の国家へ 26

第2章 プラーヌンクスツェレに至る道 31

第1節──革新のための基本条件 31

1 既存の制御システムの弱点 32
2 問題解決の方向性 38
3 ビジョンを考える 42

第2節──現状の参加手法の分析 48

1 手法の類型化 48
2 各手法の説明 50
3 既存の手法に対する評価の試み 70

第3章 参加手法・プラーヌンクスツェレ（PZ） 79

第1節──モデルの特徴 80

1 参加者の無作為抽出 80
2 有償の参加 98
3 事前の課題設定 103

— 16 —

4　実施上の特性　*106*
　　5　グループでの決定　*109*

第2節──PZの作業プロセス　*113*
　　1　準備段階　*115*
　　2　実施段階　*121*
　　3　実施後の段階　*122*

第4章　プラーヌンクスツェレ（PZ）の効果　*125*
　　1　制度に対する重要な効果　*125*
　　2　参加者に対する重要な効果　*132*
　　3　社会的に重要な効果　*140*
　　4　長期的な効果　*140*

第5章　プラーヌンクスツェレ（PZ）の適用とその展望　*145*
　　1　適用の可能性　*145*
　　2　ブレーキのかかった発展　*149*
　　3　より広範な現実化への段階的シナリオ　*153*

第6章　プラーヌンクスツェレは前進する　*157*
　　1　発展には共に考える市民が必要である　*157*
　　2　多くの人に知ってもらうこと　*158*
　　3　国際的反応　*160*
　　4　展望　*162*

訳者あとがき　*163*
参考文献　*168*
著者・訳者紹介　*174*

第1章
新しい市民参加の必要性

　人は、何のためにそこにいるのかを知りたいと思う。私は朝起きた時、私は誰であるのか、私は何をすべきか、が明らかでなければならない。こうした当たり前のことを知っていることがいかに大切かは、ストレスのある人、"疲れ果てた"人、アルコール依存症の人、懐疑的な人、そして、自殺する人にとって、こうしたことがもはや分からないことを理解すれば明らかである。人間には人生の意味が必要である。

　安定した、幸せな人生にとって、2番目の基本的条件がある。私は、きちんと見通せる状態の中で生きたい。私は自分の集団に属し、その集団と連帯していたい。この2つ目の条件は、人類の発達過程を通して意味を持ってきた。しかし、それを実現することはより複雑になってきた。つまり、我々は、もはや一族の中や草原で生活しているのではなく、都市や国家の中に生きている。私たちのアイデンティティの多くは、我々の属性から大集団へ移行している。私は何をすべきか、何ができるかを、大集団の中のアイデンティティを通して知る。私の個人の存在に関するこの2番目の条件は、今日誰もが等しく理解できるわけではない。現在、人々は個人の自由について一生懸命に話すことを好む。しかし、人間が集団に対しアイデンティティを持つことは、常に明らかである。そのことはいたるところで証明される。私は集団を共に作り上げている者であり、それ故、私は自分の属する集団に適応する。つまり、私は、自分の属する大集団が作り出す諸関係を肯定し、それが理性的であると思いたい。

　博物館に入り、遠くの国に旅し、そこにある力強い陳列物を見ることは、共同制作・建設が集団的アイデンティティに何をもたらす

のかを、私に教えてくれる。例えば、エジプトの古い、数多くの建造物と比較できるものは、私たちによって今日まで作られていない。立像や寺院、強大な建造物の建設は、全人民のアイデンティティに寄与するものとして体験されてきた。

しかし、集団意識を可能にする共同行為やその時の感動は、我々が知っているように、非常に否定的な機能も持つことができる。多くの戦争は、略奪・侵略戦争として行なわれたが、国民は共に進軍した。ドイツでは、まさに私の世代は集団へのアイデンティティを、あまりに長い間、従順に持ってきた。それは恐ろしい結末を招いた。振り返って見ると、このことはもうほとんど理解することができない。

しかしながら、集団へのアイデンティティは、人生を確かにする人間存在の前提である。日々の生活においてこのことがわかる。また、魅力的な建造物を見てもいつもこのことをはっきりと知る。中国民族が、遊牧民の略奪に怯え、懸命に考え、結果的に、一緒になって作った万里の長城は、2500キロメートルの長さと16メートルの高さを持っている。人は共同してのみ、そういうことを可能にする。

こうした社会的成果は、社会が発展するために、どのような機能を持つのか。社会を統合し、私たちにアイデンティティを与える、私たちが属する大集団の巨大プロジェクトは、まず、技術的、組織的に発展する上で意味がある。中国では多くの問題を初めて解決しなければならなかった。今日まで私たちは、大集団のプロジェクトを通していろいろな問題を解決し、生活している。しかし、私たちが考えようとしているのは、世界を征服するための技術的発展ではなく、別な機能についてである。これらは自明のこととして表面的に考えられている。しかし、その働きは影響力を持ち、社会学的に見ればとても重要なものである。冒頭に述べた2つの人間存在の基本的必要性は、このような社会的な強大な計画によって実現される。それは個人にとっては意味と統合を、大集団にとってはアイデ

第 1 章　新しい市民参加の必要性

ンティティを可能にする。

　私たちはいかなる問題に直面し、どのようにすれば、この両方の機能を実現するのかという疑問を、私たちの世代は少しずつ感じ始めている。そのようなプロジェクトは自然に発生するわけではない。それは社会の文化的枠組みから静かに発展してくる。ここで考えることができる多くの現象がある。例えば、どの学者も自分の研究分野から、その解決が絶対的に優先すると考える問題を上げることができる。しかし、再び戦争を引き起こすことがあってはならないし、ピラミッド建設を努力して実現すべき価値は私たちにとって、もはやない。

　それは結局、これらの枠組みを条件付けている、社会全体に対する制御システムである。この制御システム、つまり国家は、今日新しく出ている諸条件に明らかに対応していない。理性や長期的思考がこの制御システムにもっと入り込まなければならない。私たちは社会として一体どこに行こうとするのか、個別の状況の中で、どの一歩が正しく、また、正しくないのかを明らかにすることは原理的に可能であろう。未来は創造しうるように見える。社会がどの方向に私たちと私たちの子孫を導くのかは、私たちの手の中にある（それ故、責任も）。

　しかし、ここで必要とされ、可能である理性と長期的展望に必要なことは実行されていない。私たち皆にとって重要な意味を持つが、現在ほとんど解決されていない背景的問題がそこにはある。全ての個々の問題を越えて、いかに我々は理性や長期的展望を我々の共生組織にもっと注入することができるのかという課題がある。

　我々の共生組織を前進させる役目は、結局のところ国家にある。専門的に言えば、集合的に拘束する決定を生み出す機関である。しかし、我々の社会の制御システムは機能していない。どこかがおかしい。今日解決されてしかるべき問題は、減少しているのではなく、逆に、明らかに増加している。その他、多くのケースでは、解決へのすばやい着手が求められている。問題の山は、我々の問題意

識より、いわんや、解決の可能性を立案し、実現することよりももっと速く大きくなっている。そこでは、不公正がますます見られる。メディアはいつもそれを報じている。新聞、ラジオ、テレビの情報にはじまりインターネットでは、細部にわたりセンセーショナルに、以前より広範に、より速く、かつ、もっと多くの人々に広めている。しかし何故、解決策が出てこないのか。私たちが政治と呼ぶものはこうした課題に全く対処してこなかった。しかし、私たちの学問もまた、あまり貢献していない。

1　背後にある問題：国家は病んでいる

　私たちの制御機関は事実機能していない。社会の制御プロセスを長い間発展させてきた諸機関よりも、個人は新しい現象に対してより速く対応できる。これらの諸機関は、見た目より、自分自身にだけ意識が向かっている。官僚制は自己目的化し、強く機能する。政治の場合は、その傾向はもっとひどい。選挙のために一層必死である。政治は、言うまでもなく、再選されることが前提とされている。私たち統治される者の長期的利益は、実のところ言葉だけに終わっている。政治や行政は、多くの点で自分自身では修正できない状況になっている。

　では、私たちはそこで何ができるのか？　現状は普通ではないということをまず認めなければならない。また、それ以上の問題がある。例えば、エネルギー利用や微生物学などを更に発展させなければならないが、私たちは、我々全てを拘束している決定を下す社会的機関の状態にまず集中しなければならない。この機関は、私たちがもっと人生の意義を見い出すことを助け、孤立した個人に理性的な集団的アイデンティティを提供することを与えられうるものでもある。

　社会全体を拘束する決定を作り出す、全体の幸福を志向する組織である「国家」の状態は、取り組まねばならない今日の中心的問題

である。日々の要請に対するこの機関の反応は、多くの点で今日非理性的と言わざるを得ない。ここでもっと理性が発揮されるべきである。わたしたち人間をして地球上の進化の頂点に飛躍させたものは、私たちの肉体的力ではなく、論理的に思考できる力、すなわち、理性である。確かに失敗の歴史や不必要な回り道も常に観察されるが、改善を重ね、最終的に、私たちが人間的にその中で生きていくことができるように導いてきたのもこの力であった。

　今日私たちの社会は多くの深刻な問題に直面している。それらの多く、つまり、貧富の差、エコロジー問題などは、世界的に私たちに脅威を与えている。理性という道具は、その課題解決のためにいつも使われている。しかし、明らかにそれらに対する分野別に専門化された理解は十分な解決を生んでいない。以前、更なる理性的発展のために革命が行なわれてきた。最近もパリでは、政府に反対するデモが暴走し、何千もの車が炎上した。しかし、革命はほとんどの場合、真の解決を生まない。蜂起は実際の出口にはならない。自分の利益のための闘いはむしろ避けねばならない。このために武器を取って戦うことは、今日では効果的過ぎる。革命の声を拡大するよりも、見ることが出来る課題に平和的に取り組み、しかし、一歩一歩解決できる手段を発展させるべきであろう。

2　利害から自由な理性をもっと組み込め

　全体の利益にそって解決されるべき問題は増加している。多くの望ましい理性的解決はもはや自動的に生まれない。この解決のためにできた社会的諸機関は、既に述べたように、麻痺している。これらは自己利益を志向するか、力のある団体の利益を志向する場合があまりに多い。

　現状を解決するためには、個人の理性がもっと発揮できるようにしなければならないだろう。確かに人間は、時には、あるいは、しばしば、とても非理性的である。しかし、人間は原理的に個人とし

ては長期的に考えることができる（"私は家を手に入れたい"、"私の息子は教師になるべきだ"）。

　この"理性"は、長い間多くの新しい課題に対して前進的力を示してきた。つまり、人間は考える動物だと。この力は、もっとも明確に市場の形式で発揮された。そこでは数え切れない組織、もっと多くの個人が、自分たちの幸せのために賢く振舞っている。その結果もたらされる発展を私たちすべては知っており、私たち自身の態度に適切に反映される。

　この見過ごしにできない理性の可能性は、我々が気づかないうちに現れる、社会全体を覆う大きな問題の解明に取り組む際にも、求められるべきだろう。私たちを拘束することが必然的になる決定を行う場合には、個人が理解することが必要である。これにふさわしい社会的機関、つまり、私たちの国家を作るうえでもまず、理性を保つことができることが前提である。

3　ひとつの"計画"がある

　それに対するひとつの考えがある。昔から「人民の支配」（デモ・クラシー）として表されている。しかし、この"デモクラシーは、私たちが毎日新しい章を書かなければならない、継続的な規範である"[1]。この考えは今日ぐらついている。この考えは脅かされ、ますます弱くなっている。見渡せる範囲であれば、民主主義は現実的であったし、今も現実的である。人は互いに話し決定する。近隣は"内"である。しかし、この考えは明らかに量的限界がある。古代アテネはそれを使い尽くした。特定の課題について、6000人までの男たちがアゴラで話し決定するために集まった。

　今日、もっと多くの人が影響を受ける、もっと多くの決定が列をなしている。そこでは全ての人が互いに話すことはもうできない。

---

[1] 2002年11月23日、政治教育連邦センター発足50周年に際し、ヨハネス・ラウ連邦大統領はそのように述べている。

第1章 新しい市民参加の必要性

図1 ディーネル教授とラウ大統領

決定権限は強制的により高いレベルに移行する。右側通行か左側通行かという問題について村的に決定することはもはや出来ない。現在では、何が問題か"上で"決定しなければならない（代表制原理）。"民主主義とは政治家支配である"というシュンペーターの言葉がここでは通用する（Schumpeter 1950, p. 452）。"私"はそこでは除外されている。

　そのような状態は、不満や広範な無関心を生み出している。多くの人は大声で不満を言う。また、若者は無関心に反応する。選挙や投票のような、より高度なレベルにおける参加を提供する手続は、有権者すべてではなく、しばしば少数の有権者によってのみ行なわれる。私の住むヴパタール市（人口約36万人）では21歳から25歳の女性の4分の1のみが2004年の地方選挙で投票した。この年齢層の失望した72.3％は投票しない人々である。選挙民のその他の年齢層を見てもそんなに良くはない。この状況に直面し、より直接

的市民参加の可能性が求められることは当然といえる。

　現在ドイツでは、"参加"や"市民社会"について話すことが流行っている。この波は、"デモクラシー"のビジョンに基づいている。それは人々を活動させる。この流行は突然活気づいているように見え、また、具体的でかつ場所を越えて出てくる課題を共に考えることができるように見える。しかし、多くの場合、参加は強い失望に終わる。明らかにフラストレーションが幾倍にもなっただけである。このフラストレーションは、相互搾取、犯罪の増加として、紛争の中で現れてくる。また、例えば、政党禁止の要求などアグレッシブな反政治、または、仏教的諦観が、フラストレーションから抜け出す道を示す。つまり、デモクラシーの実現のために予定される社会的役割は、住民には全く与えられない。それは一部の人間に占有されている。つまり、行政、政党、議会で給料を貰いながら、公的行為に関わる"職業市民"によってである。もし、今日のように、より上位の決定レベルで問題が大きく増加していなければそのままであったであろう。しかし、こうした社会的役割は将来再配分される必要があるが、実現していない。我々は、大きくなる問題の山を意識的に見ないようにし、次世代に任せようとしている。デモクラシーが原理的に提供している可能性が、大都市、州、連邦、ヨーロッパ・レベルでも遂に開かれることが、私たちの社会の運命的問題にますますなっている。

4　その使命：未来志向の国家へ

　私たちの世代が担うべき中心的使命がここにある。つまり、民主主義的秩序の構想を更に発展させることである。主権者であり、国家の所有者であり、全体の幸福を理性的、長期的に考えることができる"市民"は、より高いレベルにおける決定への参加を自分たちに開く手段を持たねばならない。それによって、現在ある知性の宝庫を、対応する社会的機関である国家を形づくるに際しても、使う

第1章　新しい市民参加の必要性

ことできるだろう。

　そのためには、各個人に受け入れられ、自己利益やその他の部分利益に影響されずに全ての意味を考えることができる地位が、何よりも提供されなければならない。今日の厳しい状況の中で、既に述べたように、このような特徴の組み合わせを既に考えることができることは大変意味がある。全ての成人に対し、政治的機能についてきちんとした考えを持ち、政治的決定に参加する公平な機会を与えるものである。こうした特徴を持つものは、それと同時に市民の役割を大量に、そして、全ての意思決定レベルに分割して実現することが出来るだろう。そのような地位を可能にする特徴の組み合わせについて、どのように人々に提供されうるか、いくつかの国で既に考えられてきた。例えば、アメリカのネッド・クロスビーによる熱心な業績をあげることができる。彼の最初の"フルタイムの素人計画者グループ"は、アメリカで1985年既に実施された[2]。

　それとは別に、ドイツでは同種の手法が比較的早くから構想され、"プラーヌンクスツェレ（PZ）"という名で何年も試みられてきた。そのモデルは一歩一歩その標準化に向けて更に発展されてきた。8つのプラーヌンクスツェレからなる最初の大きなプロジェクトは、ハーゲン、ヴパタール、レムシャイドの各市で参加者が抽出され、1975年、"市民の計画するハーゲン・ハスペ"[3]のテーマで実施された。しかしまた、この手法の細部、例えば、PZにおける外部者（von Rekowski）や進行役（Schltze 1974）の態度については早くから研究されてきた。後に幅広く方法論的に高度な研究が、PZについて評価している（Garbe/Hoffmann 1988）。

　この参加手法PZは、次章の主要テーマの中で説明する。その骨格（3章1）、その作業プロセス（3章2）、そして何よりもその影響（4章）を、ここで端的に、しかし、できるだけ詳しく論じる。そして最後に、プラーヌンクスツェレの望ましい普及（第5章）につ

---

[2] www.jefferson-center.org./index.asp?
[3] これは、市民鑑定のタイトルであった。

図２　バスク地方の高速道路建設で PZ を実施

いて述べたい。

　この参加手法 PZ の必要性は世界的に存在する。アメリカ、アジア、ヨーロッパの各国において、この手法は専門家の間で信頼され、既に、成功裡に実施されている。ドイツ語圏では既に 300 以上のプラーヌンクスツェレが大きな成功を収めている。異なった公的委託者により、異なった分野で実施されてきた。その際、都市計画の公共的課題、消費者保護、社会的統合の問題（例えば、スペイン・バスク地方、イスラエル・アコ、ベルリン・クロイツベルク地区など）、高齢社会における世代間対話や多くのその他の現実的課題に対して具体的結果をもたらしてきた。

　ドイツ連邦共和国では今日、"市民社会" と言われるように、個々の計画事例を超えた見通しをすでに見ることができる。(Dienel 2005b)。このように、現在の制御システムの状態は、考えを深めることを促している。

　ここで、もう一度簡潔に述べよう。

　これまであまり考慮されなかったこの状態は、社会的道具であるプラーヌンクスツェレの助けによって民主主義をもう１歩進めるこ

とできる。今日私たち世代はその使命を前にしている。

第2章

プラーヌンクスツェレに至る道

　我々は道半ばである。既に言及したプラーヌンクスツェレは、完成の暁には、現在の議会制民主主義制度を広範に良く基礎付け、促進することに貢献することができるだろう。これまで幾世代をかけて努力し、発展してきた民主主義的共生のための秩序や諸機関は、長い間、それをもっと確固とするための補完を求めてきた。プラーヌンクスツェレは、それを実現するだろう。

第1節——革新のための基本条件

　社会は、共生するための秩序を常に必要としてきた。現代社会は、知的に考案された広範な政治・行政機関を所持している。しかし、これらの機関は十分に効果的に機能していないことが明らかになっている。毎日の生活の中で、夜の騒音、解雇、交通事故など、人々は、これらが自分の責任か他人の責任かと悩む。しかし、その多くは、誤った、あるいは、政治的に不適切な決定に起因する。政治・行政機関自体の費用は増加しているが、多くの場合、適時に、適切に問題に対応できなくなっている。1では、この機関の多くの弱点の中からここでは5つだけ取り上げる。

　必要とされる革新を我々がいかに進めるかは、その上で論ずる。そのためには、まず、今日見ることができる解決の可能性について、どのような方法が実施されているか、把握されなければならない。2では、問題解決の方向性はどのように論じられているのか、を考える。それとは別に、3では、そこに含まれるビジョン（ここでは4つあげる）について述べたい。興味深いことに、この二つの

異なった見方は、最後に、共通した行為の必要性にたどり着く。つまり、市民が今日参加しなければならないことである。しかも、市民が共に考え共に決定する者として権限を持ち、参加することである。最後に、現在ある市民社会的参加の可能性（7つの手法に絞られる）について言及し、評価したい（第2節、1〜3）。市民が共に考え、共に決定することは、十分な前提が提供されてのみ試みることができる。

1　既存の制御システムの弱点

a) 合理的評価の欠如：我々がその中で生存する諸関係は、できるだけ事実に即し、理解され評価されることが、ますます重要になっている。しかし、政治や行政は、特定の状況を十分なレベルで社会的合理的に評価できない。私たちがいかに非理性的に住み、食べ、購買欲を持ち、余暇を過ごすかは、単に個人の行為が生み出したものではなく、高いレベルでは全体システムの制御の結果でもある。制御の中心における合理的評価の欠如は、研究活動、近郊交通、防衛や文化政策など上部構造の状態にもっと顕著に表れている。

　合理的に評価することが周知のようにできないことには理由がある。これらの理由の多くはもう数世紀も前からある。例えば自然科学的考えから、世界は数量的に表現できるだけだと考えられるように、我々の目標システムは作られてきた。我々は数量化できることに魅了されている。このようにして現れた、目的化された非合理主義は、一般的現象になっている。政治行政機関の中では特に見られる。また、国家全体の中でこの非合理主義は大きくなっている。その結果、社会的環境から自動的に出てくる、改革への警告は、あまり顧みられない。国家は、もっとも大きな資本所有者であり、消費者であり、雇用者である。行政の計画、分業、専門的地位保全に対する要求は、崩壊の危険に直面している。行政を外から監督することはますます難しくなっている。行政自体にある監督機関は、行政

が権力を保持できるように力を尽くしている。

　政府の失敗を制御するように召集された議会は、その長所とは別に、議会自体が持つ非理性的なものが機能する。政党候補者が選挙前にする討論は、政党でのキャリアを通して身に着けた能力と考えを示す。我々の共同利益は、機関内の動機によって曇ってしまう。民主主義がこの状況を冷静に把握できるかどうかが、緊急の課題である。

b) **未来の欠如**：制御システムのより目に見える欠陥は、将来的課題の取り組みに見ることができる。今日ほど未来のことが語られることはなかった。"未来学"というものさえある。未来という概念が流行り、注目されるが、何を未来研究所で考えるのか、しばしば見過ごされている。我々の社会は、昔もそうだったが、今日ではもっとわからなくなっている。その間に問題は大きくなる。エネルギーでもアイスクリームであっても、年間7％消費が増加すれば、100年間に1000倍にもなる。成長によって解決することはますます少なくなっているので、"将来"の解決策は別に考えなければならない。

　政治的意思形成の新しい形態に救いを求める学者がいる。しかし、多数の平均的意見への後退は、問題を適切に解決はしない。自立的未来志向の市民の能力をむしろ期待することが多く書かれている（例えば、Jungk 1973）。しかし実際、"未来から切り離された政治的官官"（Toffler 1970, p. 381）の増加が、支配的傾向を強めている。議会制度はその大きな使命の前に恐れ退いている。多数は保守的に反応する。相乗的効果が起こる。つまり、短期的思考の政治家は、短期的個人的目標を志向する消費者の同意を集める。そのような政治家と消費者はその際、学問から情報が与えられる。その学問も、その機関が大きくなるほど、短期的に実現できる自己利益に向っている。その結果、民主主義は、明日ではなく、今日を志向するようになる。

c) **正統性の欠如**：これまで述べた欠如よりもっと危険なことは国家的行為の正統性の欠如である。正統性の必要性は大きくなっている。より多くのことが計画され、法制化され、行政化されればされるほど、これらの法制化が人々に受容されることをより一層望まなければならない。これに加えて、国家行為を正当化する価値構造は、今日作られるより壊されている。そのような構造が行政的手段で再生産されるか疑問である。その高まる正統性の必要は、よりコストがかかるようになる。自治体の決定は数年前に比べ"今日 2、3 倍も多く行なわれている"（Neuffer 1973, p. 235）。市民生活に干渉すべきではない、と、もともと考えられてきたことを超えて拡大されている。これらはいかに正統化されるべきなのか？

　正統性の欠如のため、決定手続きにも疑いがもたれている。議員、政党、議会について、そうした人々は自分で勝手にしていると思われている。200 年前、王権制度が疑われたように、議会単独の制度が自明であることに疑問が持たれ始めている。"ドイツの制度は深い不信に陥っている。3％の市民のみが政党を信頼している。10 分の 1 市民だけが連邦議会のような制度を良いと評価している"[4]。状況はもっと深刻になっている。経済では非常に顕著であるが、集権化への傾向は政治分野においても新しい正統性の必要性を生んでいる。マスコミにおける世論調査の回答でも同様の方向を示している。

d) **市民との交流の欠如**：正統性の欠如や合理的評価の欠如、システムの未来能力の欠如は、政治的機関と市民の交流が十分に発展していないことにも起因している。市民は、結果に関心を持ち、そのプロセスにはそんなに興味がない（Almond/Verba 1963）。現在のシステムに対して、この政治的アパシーは幾倍にもなって表れている[5]。

---

[4] 360,000 の市民が参加したマキンゼー・コンサルティングの"ドイツ・パースペクティブ"2002 世論調査（当時、世界最大の社会政治インターネット調査）

第2章　プラーヌンクスツェレに至る道

　今日、もちろん全ての人々が決定に対して無関心であるわけではない。つまり、参加しようと努力している人々もいる。市民運動の出現がそれを明らかに証明している。政治システムは市民運動を生み、個人に対して更に多くの点で参加は意味あるものになっている。それ故、"参加"は、権利、分業、所有と同様に社会的存在原理、秩序原理のひとつになっている。透明性や信頼性に対する個人の期待は、この複雑な社会ではもちろん満たされていない。そこで、スイスの村における身近な民主主義を夢見るような政治的ノスタルジーへと向かう。何人かの地方政治家は、我々の周りで起こるすべてのことに我々が直接参加すべきであると要求する（例、Brown 1973, p. 41）。それ故また、ニーズが大きくなっている。つまり、民主主義の理想が語られるほど、市民とのコミュニケーションが欠如していることが明らかになる。"民主主義"という言葉は、肯定的な刺激的価値を持っている。今日この概念を否定する政党はない。しかし、民主主義という言葉の中には、国民が支配に参加するという約束がある。こうしたニーズに対して、それに対応するサプライはない。市民が建設的な影響を与えることができる交流の可能性はほとんどない。交流の欠如のため、この要求を回避する方法が取られる。諸機関は広報誌の発行を増やす。市民にはどこでもより早くより基本的に情報が提供される。しかし、このような方法は、更に要求を高め、真の協働の可能性が欠如していることをもっと明らかにするだけである。

　参加の可能性が欠如している結果、期待は失望に変わり、それに伴って、市民は無関心な態度を持つようになる。この傾向はどこでも明らかに見ることが出来る。行政はその施策においてもちろん、現状の市民との交流で十分であり、それをよりよく利用せねばならないだけだと考える。このことが真剣に熱心に語られ、決定者と市民の活発な交流が行なわれるのは、社会的に活発なエリートの参加

---

[5] Milbrath 1970, p. 142–153 参照

に限定される。それによって今日の社会的格差が強まる。

図3　PZにおける政治家からの意見聴取

e）政治的社会化の欠如：私たち一人ひとりの市民は、ひとつの重要な地位が与えられている。選挙で51％の票を獲得すれば、その主張は権利を持つ。つまり、一般市民の意見も過半数を獲得すれば、政治的決定機関は、イライラしながらもその限りで一般市民の決定を認める。この消極的態度には理由がある。十分な情報を持ち、全体の長期的利益を考える覚悟のある人間は稀だからである。"民主主義にふさわしい"市民は、選挙の演説では切望されるが、必要な数はいない。その理由は、政治的社会化の今日の条件に見出せる。我々の社会では、社会が建前として期待している市民を育てない。

　この欠如は結果を伴う。理性的な決定はもっと実現できなくなっている。この欠如のため、多数を獲得できない。諸機関は当該の問

第2章　プラーヌンクスツェレに至る道

題を"まだ機は熟していない"とするか、世論操作に向かう。しかし、先送りや世論操作は適切な解決を生まない。そのようにして、将来のコストや代案を考えない乗用車利用者の願いと同じ高速道路計画が立てられる。しかし、括弧入れや世論操作は、何よりも民主的生活態度の危機である。それらは意図された政治的社会化とはまったく別のものである。

　政治的社会化の欠如は、機関を通してこのような事態が低級化し深刻化することで、もっと大きくなる。政治的社会化された市民が欠如していることに触れることはタブーになる。信心深いユダヤ人が"神"という言葉を口に出すことを恐れ、この言葉は知者のみが理解する暗示を持っていると思われるように、"選挙民"について語ることは許されない。この社会化の失敗は、社会状態に影響を明らかに与える。そのタブー化は必然的かもしれないが、人々が政治的に社会化されていない状態を作るだけではなく、その問題を克服することをなお難しくする。危機は永続的になる。このことは、既にプラトンが大分以前に予言した[6]。システムは自身を妨害し始めている。

　このような弱点が明らかになってきた制御システムの不十分な能力は、現代ではほとんど諦めた反応を引き起こしている。例えば、該当する学問は客観的な記述に終始するか、歴史的分析をするだけである。他の面では、実務者もまた制御システムに必要な更新にほとんど無関心である。その政治的"リアリズム"を磨き、選挙に勝とうとする。住民のほとんどは結局出口が見えず、政治的無関心を示す。こうしたジレンマに既に慣れてきている。もちろん、状態を変えようとする個々の試みもある。ただ感情的になり、激昂する状態まで持って行こうとする試みもある。別の試みは、正しい関係についての明確な考えを発展させ、到達されうる道を合理的に尋ね

---

[6]　しかし、近代にも例がある。民主主義は"思想として、運動として"危機を脱しえないと、ロベルト・ミヘルスは、1911年に述べている。

る。そのような試みは、異なって定義付けられる背景から、或いは、異なったビジョンを持って、行われる。

2 問題解決の方向性

　ある課題の克服に対して、その問題状況が解決可能であると描かれることに成功するかどうかは意味がある。民主主義のジレンマに直面し、ここで改革の試みをスタートさせたように、改革の範囲について考えることも有効である。民主的秩序の構想自体が持つ難しさは、以下のように、さまざまに考えられることである。

信条問題：もっと一緒に考えることが必要である！　政党の中で活発に活動せよ！　国民に値する国家を国民は得る。我々のシステムは人を教化することで強くなる。政治家はその見本となるべき機能を真剣に考えない。人間は、モータリゼーションの弱点とコストを知っていても自分では車に乗る。我々には"共同体全体の利益を尊重するように行為する人間はあまりいない"。
　そのようなアピールを通して、私たちの問題は道徳化し、個人化される。このようなアピールに対応できるかは、個人の能力を前提としている。というのは、これに相応する文章は説教に類した文句を含むからである。この見方の背後にある視点は、理想的、ロマンチックであると考えられるかもしれないが、逆に言えば、諦めとも言える。つまり、"間違った出"の人間は民主主義に単に無能であると。市民は建築主だが、自分の都市づくりに失敗したことになる。今日の構造的ジレンマは、"信条問題"として考えることで解決は期待できない。

教育問題：民主主義のジレンマを熟慮する専門家の多くは、今日、それを教育問題と定義する。既に述べた民主主義の難しさを除去する考え方や知識を、必要とされる環境で広めることが可能になると

第2章　プラーヌンクスツェレに至る道

図4　全体会でグループの意見を発表

　彼らは期待する。情報を与え、再教育を確実に行い、あるいは、"ネアンデルタール人の願望マトリックスを管理"（von Gizycki 1974）することは、"消費的態度から人間を自由にし"、"人間の非近代性を減少させ"、"特権、予知、覇権の放棄"を可能にし、その結果、次第に"公共の福祉が直接重要視される分野が実現する"という[7]。

　その影響プロセスは既に幼稚園から始まる。家庭、学校、職場は政治的に必要な態度を事前に、かつ、実際に養う場である。またどのくらいの教育が必要とされるか知っている人もいる。つまり、12年間の就学期間は、"民主主義者として適切に選挙し、決定することができるための知的最低限の前提を作る"（Vilmar 1973）。

　教育を徹底することで政治的問題を解決するという主張には理由

---

[7] Klages 1975, Jungk1973, von Hentig 1973, Schmitt-Glaeser 1973 参照

がある。例えば、革命に期待することには限界があるという考え方である。しかしここにはまた、社会的にとても力を持つグループ、つまり、教育者がまずもって存在する。学校やその関係者は、産業化の過程で家庭を補完し、とても大きな意味を持つようになった。今日、学校の形態をもつ制度はその影響を拡大してきた。学校制度は自明であると考え、更なる社会的問題の分野を常に占有している。

　もし、我々のジレンマを教育問題として理解したいと思えば、幾世代にわたって、不可欠な解決を無数行わなければならない。解決は教育者の教育を前提とする。フィルマーの提案では、彼の多面的前線戦略が実現するための初期段階に到達するだけで数十年を要すという（Vilmar 1973）。しかし、我々にはもう時間がない。そもそもこのような教育的実験に人は同意するのか、どれほど同意するのか、尋ねなければならない。我々のジレンマを教育問題としての定義することはあまりにも理想主義的議論である。教育を通して成熟し、政治的決定過程へ効果的に参加することで、特権を持った人々が自分たちの利益に疑問を持つという期待は、我々のすべての経験から、ユートピア的なものと見なさねばならない。

言語問題：問題を説明する方法には、個人に帰せられる変化（自律性への能力や教育）の可能性を中心に置くのではなく、言語構造や支配構造など、社会における特定の構造に求めるものもある。言語問題として考える場合、我々の陥っているジレンマは言語や思考形式に起因すると見る。脅威的な状況は、人々が受容できる正確な概念化によって克服できると考える。"特別な過去意識から、問題志向の未来意識を導くために、現代意識を発展させるのに成功せねばならないだろう"（Fink 1973）。

　この種の印象的な考えは、多分、社会的影響を作業的に描くことを単に難しくするだろう。言語的に空虚な公式を新しくすることは、重要ではあるが、我々のジレンマに短期に適応し、克服するこ

とはできない。支配の問題として定義することのほうが扱いやすい。

支配問題：支配している政治は支配者の政治である。我々の社会の制御システムを変更することは、支配関係を変えることに成功して初めて機能する。こうした見方は、例えば、企業や大学での共同的経営に対する限定した考えやあるいはもっと広範な考えに基づいているといえる。つまり、生産手段の所有を新しく分配し、人間の人間に対する支配を終わらせなければならないと考える。ジレンマをそのように定義することは、最終的には強制的に革命を起こせば良いと単純化されるかもしれない。

　革命の夢は、私たち一人ひとりにむしろ共感的響きを与える。しかし、その目標はユートピア的ではないのか、という疑問を持つものもいる。酸素が人間存在の条件であるように、権力は人間の相互交流の条件である。"支配"は簡単に除去できない。また、高度に産業化された社会条件の下で、革命は目標を実現する手段として疑問である。大衆に生活を可能にさせている複雑化したシステムの傷つき易さは、既に今日、ストライキをしばしば止めさせてきた。革命であればどれほどだろう。しかし何よりも大規模な革命の結果は予測不可能である。

　学者は革命的考えの重要さを今日なお支持している。抵抗の中にこそまだ希望がある！　まず統治している優先順位を変えて初めて改革は可能である！　しかし実のところ、朗詠される決まり文句の背後には、革命を実施することで解決しようという意図がある。

手続（手法）の問題：ようやく我々の状況は決定手続・手法の問題として理解されることができる。決定するために必要な制度が十分には発展しなかった。必要な決定を適切に適時に実現する、規則正しく期待できる、十分に秩序化された社会的関係が保持されねばならない。

この見方においても、他の問題の側面は考慮されないままである。しかし、視界はできる範囲に狭められる。ここでは人間が再教育で変えられる必要はない。ここではまた社会を革命する必要もない。人間の定義はあるがままであり、その関係も与えられたままであり、そこから明らかになった必要性に沿う決定手続の適正化の可能性を求める。この見方は、現在存在している機関から始まり、同時に今日使われている機関は完成品ではなく、改善しうるものと考える。

比較検討：これまで述べてきたそれぞれの問題の考え方は、正しい部分がある。しかし、全て限界もある。状況について最後にまとめた考え方が、私たちの問題を最も正直にかつ解決できるものと考えられる。それによれば、民主主義のジレンマは、決定を生む手続を革新することを要求するものとして理解できる。これらの欠陥を無くすことは、同時に、決定を考える際に市民との交流をもっと密にして初めて期待できる。参加の可能性はそれに従って適正な方法で拡張されなければならない。

3　ビジョンを考える

　どのようなビジョンのもとに発展は行なわれるのかは、発展にとって大きな意味を持つ。ここでは2つ述べたい。

全体の幸福：我々の制御機関は社会の長期的利益をもっと多く優先すべきであり、全ての人々の平和、自由、正義、安全、幸福を考えるべきである。この種の概念を使うと、いつも安易に言っているのと同じように聞こえてしまう。これらはとても幅広く理解されているので、ここが違うというのはほとんど見つけにくい。より区別する可能性は、全体の幸福を志向する解決は一体どのように実現できるのか、という問いの中に見出しうるだろう。いくつかの決定は、

例えば"市場"の形態など、直接的利益の実現を通して下される。他は、"特に利益に基づかない手続"を通して出される。私たちの推測によれば、裁判が最も正直に正義を下すことができると評価する。2つの決定タイプのどちらが優先されるかについて、世界観を伴って多く議論されてきた。しかしまた、個別的専門分野に分割されることが更に強くなってきたようである。

市民を組み込むこと：しかし、我々の決定システムの中で市民はどの役割を果たすことができるのか、又は、果たすべきなのか、ということについて、人は一致しているわけではない。決定は、例えば、もっと学問的に下しうるし、あるいは、逆に市民と結ばれて下すことができる。プロセスの更なる学問化が必要と考えるならば、専門知識の蓄積と学問的分業が優先されなければならない。それに該当する機関の拡張が要求される。この傾向のみを促進すると、専門家シンドロームの更なる強化に繋がる。その場合、市民の大半はそれぞれ3つの機能に縮減される。

・諸機関が提供するパフォーマンスの受け手
・質問される情報源
・機関内部のプロセスに対し最小化された妨害

　民主主義的秩序構想では、こうした学問による解決ではなく、2番目に述べられた解決の可能性を考える。つまり、市民に逆結合することを中心思想として制度化することである。それは、個人の自由権と自己実現の権利の確保と期待を志向している。それは公共の福祉の権限を市民に与えるものであり、社会の意思形成過程へ市民が可能な限り参加することを意図する。この逆結合の必然性はますます明らかになっている。つまり、今日、産業社会は、生き方、エネルギー消費、世界との連帯、職場の分配など、人々がその解決に関わって初めて解決できる重要な課題に直面している。

図5　小グループで参加者は討論する

強調しなければならない：この2つの中心思想は、小さいが本質的に区別される。最初に指摘した傾向、つまり、専門化の波は、一般的に専門家自体から、つまり、現在の制度の利益を反映して生まれている。しかし市民参加は、特に強調されることが大切である。その意義が理解され、外から機関に組み込まれねばならない。

参加に集中：この見方は、制限される意味で使われる。参加の考えを取り入れないで、決定手続を更に発展させることもできるかもしれない。可能な参加を最小化する手法を考え出すことも出来るだろう。立法の改善のために、例えば、人民訴訟[8]や団体訴訟を差し迫ったものとして考えることも可能だろう。補完的チェックシステム（ドイツでは例えば、連邦銀行、連邦会計院、経済専門協議会など）

---

[8] Marcic（1957, p. 255）は、人民訴訟は"民主主義的法国家の構造において決定的要素"であるとしている。

の強化も望める。この種の試みは大抵、専門知識を持つ市民による決定の可能性に制限する考えから出ている。それ故、民主主義的原則の入力において、決定への参加は、"強制的に希薄化"された形でのみ実現する（von Arnim 1977, p. 237）。しかし、これでは、最も緊急性を持ち、発展に必要なことは何もできない言い訳になる。

　立法と補完的統制システムを拡張することで制御システムが"多元主義の欠陥"を持つことになることをフォン・アルニムは認めないだろう。しかし、それは発展の可能性を少なくする危険性を示している。一方、訴訟に重きを置きすぎていることと無関係ではない。例えば、裁判官は選挙で落とせない。このように参加を制限する方法では、長期的に有効で、発展に寄与する、市民参加のチャンスを無くしてしまう。チャンスの代わりに、ここで既に認識された機能不全のシステムは、改善されることなく、そのまま存続することになる。それに対して、ここで述べようとしているのは、参加の側面に集中することであった。この意味における参加は、機能についてよく考えられた、共同の意思形成への個人的参加である。

　そのような参加は利点を持つ。個人にとって、意味のある自己実現の機会を与える。また、個人の行動に権限を与え、集団と同一化する可能性を提供する[9]。そこでは、他の方法では受け取ることが難しい情報が与えられる。その他、政治システムが正常に機能するための社会化や統合化の機会を提供する。

　こうした参加は、期待される可能性の枠組みの中で行われる。つまり、重要な決定が、プログラム（例えば、法令）で規定され、機械（サイコロや計算機）に仲介されるのではなく、人間のコミュニケーションを通して下されるような可能性である。このような可能性をこれから"参加手法"と表す。

---

[9]　シュンペーターの次の問いは古典的である。"政治家でない人々の間では、政治的議論の時よりもブリッジのテーブルにおいて、より知的で明瞭な思考を何故見ることが出来るのか" 彼の答えは "私的市民には、政治的課題を熟慮し、影響を持つ意思表明の場や意思を発展させるような仕事が与えられていないためである。"

手法についての議論が自分自身から起こる分野とそうでない分野がある。自治が可能な特定の部分システムの改革において、ある程度、それ自身のダイナミックスをはっきりということができる。その種の拡張の限界はすぐ分かるようになる。しかし、学校の共同管理に生徒や両親が参加することなど、長期にわたり経験されてきた。劇場の運営や出版、雑誌における決定でも参加モデルは発展してきた。高等教育ではそうした新しい参加の試みがちょうど終わったところである。企業経営の分野における参加が広範に議論されてきた。ここでは既に独自の機関（共同の自由、賃金自主権、労働の公正、経営の共同決定）が機能している。それ故、この自治可能な部分システムでは、参加可能性の改革は止まらない。というのは、改革を進める利益がここでは既に組織化されているからである。例えば、労働組合が共同決定に対する新しい要求を思いつかないということはまずない。

　このような関係と比べて、中央の政治的意思形成過程における参加可能性の改革は、比較できないほど困難である。政治システムの中では、より多くの分野の課題が決定される。ここでは、新しい参加可能性の制度化を押し進める、組織化された利益は見ることができない。例えば、原子力発電拡大阻止など特定分野で成功してきた市民運動自体、ここでは何のプログラムも提示できない。そのため、参加手法の改革を促す独自の必要性がここにはある。というのは、われわれもまた、政治・行政の機関について考え始めたからである。行政にとって、経済にとって、個人の関係性の動機、生活感情、あるいは、時間の消費にとって、この取組みはどのような意味があるだろうか。

　新しい手法を考える場合、全体システムに対する影響も前もって考えなければならない。特に、参加手法を集中的に考える場合、ひとつの手法が行使される際の個人におきる学習効果は見過ごされるべきでない。存在はここではまた意識も決定する。人が参加者として一緒に行動する場合、ある態度を形成しながら、また、それを通

第2章　プラーヌンクスツェレに至る道

して社会的に長期の影響を与える。社会的に学習することは、それに相当する役割を割り当てることによってできる。レジャーを楽しむ者、自動車の運転手、恋人、あるいは、消費者として、それぞれの状況に参加することで仲介され、その能力や考えを持つことができる。

　我々の政治的秩序構想の中、前提とされる考えや能力を個人がどこで習得するのかを尋ねるならば、要求される状況的学習過程を十分見つけることは難しい。市民としての質を養い、特に、公共の長期的な福祉を考える能力を身に付けられる役割はそんなに多くはない。いわゆる政治教育はこれを援助することを試みているが、個人にとってと同じように、その秩序構想にとっても、学習状況の欠如から生じる基本的反対が議題に上っている。

　実施する上で、もっと人々の参加を可能にするものを、我々は総括的に"計画"と表す。その担い手に公共の長期的福祉を考えさせる役割は、いわゆるプランナーの役割である。この役割を大量に提供できるなら、我々のシステムが要求する特定の能力や考えが今日の状況より高いレベルで拡大されるだろう。市民の役割の提供を計画することは可能であろう。制御機関の革新に目的化し、使うことができることは、ちょっと言い過ぎかもしれないが、次のように言って良いだろう。共に計画することができることは市民の役割を拓く、あるいはもっと簡単に、計画に参加することは市民を創る、と。

　そのような役割をもっと多く提供すべきという要求は、政治的機関の中心に、参加の可能性をもっと発展させることが緊急の課題であることをはっきりと示している。どこに参加の拡大が可能か否か、を知るために、現在ある手法についてまず考えてみよう。

第2節──現状の参加手法の分析

　急ぎの読者のため、本節における考察の結論をまとめると、以下の通りである。つまり、
・全ての検討された手法を何度も実行することで、社会全体に望ましくない副作用が生じる。
・既存の手法だけを用いて更に"民主化"したとしても、明らかな摩擦、遅滞、更なる過重、または、機関にとっても、当事者にとっても、全体としての社会にとっても、明らかな不利益を生み出す。
・現在の政治システムにおける参加容量やその問題処理能力は、全体的に消耗されている。

1　手法の類型化

　比較を可能にするためには、複数の手法を検討しなければならない。しかし、存在する全ての手法一つひとつを理解することは不可能である。全ての手法はいくつかの類型にまとめられる。そうして初めて特定の手法の短所、長所を有効に示すことができる。そこで手法を絞り込み、7つのグループの類型に限定する。つまり、行政、議会、政党、人民投票、審議会、市民運動、アドヴォカシー・プランニングである。
　ここで行う要約は、完全なものではない。社会計画、オンブズマン、デモンストレーション、あるいは、「読者の手紙」など有名な手法は除外された。なぜなら、それらは特徴的な形態であるが、ここで取り上げられるものとあまり違わないからである。他のものは、非常に重要な他の主要機能を持つので、軽視されうる副次的作用として決定への参加を促すと理解されなければならない。ここでの参加概念は、一般に参加研究の基礎になっている概念よりも、も

っと幅広い。例えば、行政はひとつの参加手法として紹介されている。

　手法は手短にスケッチされている。その由来や意義について詳しくは説明されていない。7つの手法は、"参加手法"の側面のみを考察するため、敢えて単純化している。その手法が適用されるのが大都市か村落か、郡レベルか連邦レベルかは区別されない。また、それぞれの手法には、参加の度合いが異なる部分がある。例えば、議会において中央と前方の席に座る議員の間で権力の分配は異なっているし、参加手法の行政には事務次官も一般職員も属している。市民運動の参加者自体も中心・周辺枠組みで秩序付けることもできる。しかし、これら全てここでは無視されている。

　列挙された手法はどの要求によって評価されるのか、その概要がまず明らかにされねばならない。我々の社会において一般的に決定手続に向けられる期待は、本当に単純な概念に導く。適切、適宜な決定の前提と見なされるのは、以下のことである。

・参加者へ十分な情報が与えられること
・参加への十分な動機
・決定における強い利益侵入に抵抗する免疫性があること
・組織特有の、その手法自体の自己利益に抵抗する免疫性があること

この種類の基本的前提は、更に個別化される。例えば、その手法は全ての社会層に均等に開かれているかどうかという問いである。手法の紹介では、言及された前提が保障されているのか、どの程度保障されているのか、チェックされなければならなかった。

　この要約では、時には更新の可能性についても論じなければならない。決定における参加を望む手法は、"実施可能"であること。つまり、手法として既に普通のものでなければならない。現存の社会的関係と異なったものを前提とする手法を考え出すことはあまり

意味がない。

参加は個人に大きな影響を与える。現状の参加手法を評価する際、この学習効果を考慮すべきだろう。もちろん、ここでどの程度、正確に示せるかという疑問がある。次のように簡単にスケッチすることに批判もあるだろう。手法の弱点がその長所より強調されている。ただ、このように簡単に記述することで、ある傾向を確かに見ることができる。手法についての説明の長短は、その重要性と関係がない。

2　各手法の説明

行政：主権者の決定における参加の早期の形態は行政である。行政では、職員を有給で雇用し、責任を持つ決定に関する情報を得る時間と地位が彼らには与えられる。その社会化の中で行政職員は、行政が"仕える"大集団（国家）の目的と一体化する。彼らは高度な情報が与えられ、長期的問題の決定に参加し、有能である。行政は、その課題毎に分業化され組織されている。彼らは分割された問題に限定され働く。行政は、統治機構であり、より狭い意味で、管理機構であるとともに、時には、司法的性格を持つができる。権限の階層化を通して特定のレベルにおけるそれぞれの決定は、少数の人間によってのみ熟慮される。様々な政治システムの自己理解から離れて、最近行政はどこでも拡張している。社会の他の部分における行政の拡大は、強制的に行われている。

参加手法としての行政は、今日必然的に、明らかな弱点を持つ。

・ある種の重要な情報（アリストテレス：靴が合うかどうか知りたければ、靴を履く人に聞くべきであり、靴を作る人に聞くべきでない）が行政に入ることは難しい。
・行政は自己利益を発展させている。これらは社会全体の利益と一致しない。

第2章　プラーヌンクスツェレに至る道

高めることに関して、別なところで詳細に検討している（Dienel 2002, p. 40-42）。つまり、議会の拡大、選挙期間の短縮、付加的議会の創設、底辺との接続の強化、議員の拘束からの自由などについてである。総じてそこで明らかにしたことは、実践において証明される参加手法"議会"は、いくつかの点で拡大され、そのためにふさわしい議会を新しく設けることができる。それによって、あまり広範ではないが、参加規模の量的拡張は実現するであろう。しかし、この方法では、現実にある、絶え間なく増加する参加要求が満たされることはほとんどできないだろう。状況を楽観的に評価する者でも、"議会"という手法がその参加可能性を2倍にすることを、議会自体が決して許さないということを知っている。

表2　議会

手法への要求	達成度＊）
参加者への技術的情報提供	－
参加者への、特定利用者の意思に関する情報提供	－
持続的参加に対する動機	＋
全ての社会的階層の公平な包含	－
特殊利益の侵入に対する免疫性	－
組織の自己利益に対する免疫性	－

＊）評価（＋、－）は、傾向のみを示す。

政党：諸政党は、異なった考えを係争可能な立場で内部的に組織化できる。議会とその政府機関の幹部は、わが国では"政党所属"である。

　政党はまた異なった密度の参加の方法を提供する。それは、例えば機能や強度、行政レベルによって異なる。それに対応して、参加の動機は異なってくる。決定機関へある程度近い者たち（利益代表、役人、上昇志向の人々）は、メンバーになることによって、その他の人々よりもアクティブな役割を持つ。特定の条件の下、政党は、広範なイデオロギーに基づき明確な主張を持つ。政党は党員に

ふさわしい参加動機を要求することができ、何よりもその社会的構造の中で中流に属する人々が多くなる。

情報受容の面でも組織化されたものに似た区別を見せる。決定に関する最高度の情報に接するのは、高い忠誠心だけを持つ党員である。

政党は利益団体と見なされている。それらは、中世の"身分"に由来した。その機能は、当時社会的にあった欠陥に対する批判の中で現れた。今日、政党機関の自己利益についてしばしば言及されている。その性質は、世界観政党から国民政党へと変化した中でも続いている。政党には費用がかかるので、国家が助成している。この助成金の分配基準は、選挙時の得票率と党員費と寄付金の合計である。全ての政党に支払われた国家的助成金の年間総額の最高は、現在のところ１億３千３百万ユーロにのぼる。もし、ひとつの政党がその機能を果たそうと思えば、総合的ビジョン（自由、進歩、生活の質など）をはっきりしなければならない。政党はその活動をこのビジョンで正当化するので、外からのチェックは少なくなり、中世の教会にますます似てくる。

政党が権力機構として当たり前になっていると市民は疑っている。この組織は自己利益のために活動しているという疑いを持っている。市民の問題はそこでは取り扱われない。2006年、80％（！）以上の回答者は、政党の緊急な改革の必要を感じている[12]。権力は市民と接触しなくなる。政党は、市民がどのような心配を持っているのかあまり知らない。市民の不満は政党の解消を要求する提案にむしろ現れている（Rieg 2004）。

この参加手法の拡大能力は限定されている。参加を政党内部で強化し、あるいは、党員に新しい機能を与えようと努力している。予備選挙や行政レベル志向の組織の導入で、構造を変えようと試みる。まずもって、（例えば、上昇志向者や役人のために）加入を簡

---

[12] マッキンゼー社（デュッセルドルフ）世論調査（2006年）"ドイツ・パースペクティブ"

単にし、新しい機能持たせ、それによって新しい動機を与えようとする。イギリスでは、保守党は比較的多くの党員を抱えている。というのは、個人にとって余暇的価値のある社交クラブで組織化されるからである。オーストリアでは組合組織に政党は浸透した。教師職の占有に対して割当て約束がある。最も重要な教科書はオーストラリアでは政党本である。

表3　政党

手法への要求	達成度*）
参加者への技術的情報提供	－
参加者への、特定利用者の意思に関する情報提供	－
持続的参加に対する動機	＋
全ての社会的階層の公平な包含	－
特殊利益の侵入に対する免疫性	－
組織の自己利益に対する免疫性	－

＊）評価（＋、－）は、傾向のみを示す。

政党において内的、外的に参加を拡大するには短所がある。それは、社会を同志、非同志に分割する、新しい"階級"形成に導く。そのため、全体社会は更に停滞することになる。政党と行政の分離はより難しくなる。遂に、広範な不満に直面し、しばしば短期的に新しい政党が出現する。しかしそれで、同じように参加は限定されるようになる。政党が今日行使する機能に止まるのであれば、もっと多くの参加は期待できない。

人民投票：選挙権を持つ全ての人々に、直接参加する平等な機会を与える人民投票的手法には異なった形態がある。つまり、地域全員集会、選挙、国民請求・国民投票、世論調査などである。

地域全員集会：人民投票の性格を持つ集会は、人口の小さな地域を前提としている。ドイツでは、市民の全員集会は、選出された議会

の地位さえ（基本法28条）代理できる。議会とは別に、市民が参加する集会が開かれる。バーデン・ヴュルテンベルク州では、この"市民集会"は首長によって召集される。この人民投票的性格を持つ集会は、原理的には全ての人々が参加できるようになっているが、参加者は実質的に偏っている。ここで問題になっている、人口の小さな地域では、今日権限が非常に限定されている。しかし、それとは反対に、参加した人々は全てできると考える。テーマの限定は統制として感じられる。ここで下される決定は、代表者による委員会よりもしばしばより偏見に満ち、ほとんど情報なしで、そのため、より感情的になりやすい。他の政治的機関で追加的な割に合わないコストが生じる。にもかかわらず、この手法を更に拡大しようとする試みがまだある。

選挙：代表制民主主義おける人民投票は、ほとんどの場合、記入式投票として、例えば、議会の議席に対する選挙として行われている。例えば、イギリスにおける空席になった議席に対する補選の場合のように、人は人民投票のこの形式をより多く実施することができるだろう。それは、参加の可能性を広げるが、莫大なコストが更にかかる。定期的選挙の経費もそんなに安上がりではない。2005年のアメリカの大統領選挙の費用は、最低でも39億ドルという史上最高の経費となり、それは4年前に比べ約30％も上昇した。この多くは、候補者と政党の上昇した支出である[13]。

　しかし、議員の地位だけでなく他の役職も直接選挙することができるだろう。その場合、なによりも2つの深刻な問題は残ったままである。つまり、"全ての上級官吏"（Szmula 1976, pp. 13）の選挙は、どのようにして情報を持ち動機を持った選挙民によって行われるのか？　また、選出された人々がなによりもその再選を準備することをどのようにして阻止できるのか？　地方自治体において50

---

[13] 新チューリッヒ新聞、2004年10月22日号

万以上の地位が選挙を通して占められるアメリカとの比較は、2つの政治文化の違いをはっきりさせるが、また、ここで参加の拡大の可能性を原理的に考えることができる。

国民投票：人民投票は、国民請求、国民投票などとして、具体的テーマの決定にも実施できる。この形式に対する期待は高まっている。スイスでは、連邦、州、自治体レベルで投票のない日曜日を見つけることはほとんどできない。この手法の限界はどこにあるのか？

・意見表明は是非の決定に縮減されなければならない。これは取り扱うことができる課題をかなり限定する。下された決定は異なった解釈が可能である。投票した個人がその投票で何を得ようとしたか、多くの場合、分からない。そのため、人々の願いを実現することができない。
・この参加方法は選挙民に非常に限られた関与の可能性を与える。"この投票は、選挙民がイニシアティブを取るという幻想を与えるので、それだけの理由で、選挙民はその関心と同じ決定を下すだけである"（Kirchheimer）。
・有権者にとって投票に行くことが重要と見なされなければならないという問題がある。いつも投票に行わけではない。スイスのカントンでは、10％から20％の有権者が投票に行っている。
・大都市では参加者は一般的により少なくなる。更に今日、投票しない人々が増えている。
・政治的社会化の効果はここでは比較的少ない。この手法からまた不満が生じる。
・この手法は情報が十分でない決定を生む。平均的市民の得る情報は限られている。
・この手法は、感情やデマゴギー、専門的でない影響に晒される。既にアリストテレスが危険と見なした（政治学、1313b）理由が

ある。
・目標とされた参加やその効果から評価すれば、比較的費用のかかる、この手法は問題である。

総じて次のことが言える。この手法は、課題を志向し全体システムの中で機能するが、その限定された実施可能性やその他の大きな弱点がある。この参加可能性を3、4倍化することをこの手法で期待できない。

表4　選挙

手法への要求	達成度＊）
参加者への技術的情報提供	－
参加者への、特定利用者の意思に関する情報提供	＋
持続的参加に対する動機	－
全ての社会的階層の公平な包含	＋
特殊利益の侵入に対する免疫性	＋
組織の自己利益に対する免疫性	＋

＊）評価（＋、－）は、傾向のみを示す。

しかし、その手法に対して詳述した弱点から、新しい参加手法に対する、以下の要求を考えることができる。つまり、

・国民投票は複雑な手続きを通して広い範囲で実施されるが、動機の問題は解決できない。選挙民がある特定の決定に参加する理由は何か？　これらの事実の何が短期的で、何が長期的に繰り返すことができるのか？
・欠如した、あるいは、間違った情報に基づく決定は、我々の社会に危険を与える。あまり知らないことをより多くの人が、より頻繁に共同決定することはできない。でなければ、高度な情報が必要な課題を解決することはできない。参加者に十分な情報を事前に与えられる機会を提供しなければならない。

・責任ある参加には時間が要る。ある方策を決定する公務員も必要な時間があるし、プランナーも同様である。裁判官が判決を下すにも時間が十分ある。市民だけが情報を得る時間が十分ない。

世論調査：世論調査はある限定された人々が対象になるが、人民投票のこの特殊な形態について述べよう。しかし、世論調査は、数多くの市民に質問が届き、多くの場合、政治的決定に影響を与える。世論調査の中には審議会のような性格を持つものもある。その場合、参加者は必要な情報を持っている。また、特定の利益が容認される。それと比べて、大規模な世論調査では、回答者に必要な情報を保障することはできない。それ故、大規模で、費用もかさむ調査の結果は、メディアで広まっているステレオタイプの考えを再生産することが多い。

世論調査は、もし、参加動機が保障されているなら、量的に拡大可能である。しかし、その成果は、欠陥のため苦しんでいる。つまり、情報が保障されるとすれば、そのほとんどが利益に拘束されている。先入観に捉われていないとすれば、間違った情報であることが分かる。それ故、参加が必要な状況では拡大することができない。

表5　世論調査

手法への要求	達成度*)
参加者への技術的情報提供	－
参加者への、特定利用者の意思に関する情報提供	＋
持続的参加に対する動機	－
全ての社会的階層の公平な包含	＋
特殊利益の侵入に対する免疫性	－
組織の自己利益に対する免疫性	＋

*) 評価（＋、－）は、傾向のみを示す。

審議会：組織的利益が政治決定に介入する手法でも、人々は参加す

ることができる。期間を区切って設置される審議会、フォーラム、あるいは、アドホックな聴聞会などである。ここでは、取り上げられるテーマに関係する人々が参加する。審議会は通常助言的機能を持つ。しかしまた、行政的に、あるいは、決定的にも機能しうる。公式的には組織割り当てで構成されていない委員会でも、空席を埋める場合、特定利益と結びついた者が再び任命される。呼び方はそれを思わせない参加形式（市区・常連会、新聞や成人学校によって設置された読者会合や課題会合）もしばしば次第に機関化され、組織化された利益と結合するものになる。

　特定分野に限定することで情報問題は解決できる。特定の利益が与えられるので、動機もできる。審議会では、決定で影響を受ける前線から問題が提起される。また同時に、社会の諸利益を確かなものにする。しかし、このような利点があったとしても、この手法はまた特定の否定的効果を持つ。審議会内部、つまり、参加者に対して次の欠点が生まれる。

・組合や組織への依存。この手法と目的に固定されることは、発展は限界に達し、無くなってしまうことを意味する。
・異なった意見の排除。組合・協会は閉鎖的であることを期待する。ここでの決定（"合意"）では、いわゆる独創的な意見も出ない。
・専従職員への依存。市民自身が話すのではなく、専従職員が彼のために話すのである。専従職員の拒否権は、彼の"軍隊"の大きさ（会員の多さ、その組織の経済規模など）に相当する。個人は利用されている。
・組織やその専従職員の重要な独自利益は、その組合の目的にもともと抵触するとしても、長期的には貫徹される。"人間の解放"という名目で、専従職員のためにメンバーに規律を強いることは稀ではなかった。この手法を繰り返すことで組合・協会やその専従職員の行動範囲は拡大するが、個人はもっと依存するようにな

第2章　プラーヌンクスツェレに至る道

る。

社会、つまり、外部に対しても否定的効果が生じる。つまり、

・この手法は、既存の利益と結ばれることで、結果として改革から遠くなる。任命の時、代理人の独立性を担保しても、協会・組合の利益が一貫して優先される[14]。
・この手法は、利益を組織化する力や組織の能力に基づく。それらは周知のように異なり、特定の利益を優先する。
・事実、参加は社会的に知られている利益に限定される。知られていない、あるいは、組織化されていない利益を人は代表できないので、参加資格を失っている。病院の会議で"患者"の役割が、また、劇場の作業部会で"観客"の役割が他の人々によって再構成されるが、組織化されてない利益の代表を作り出そうとする試みは、ある目的に基づき任意にされるだけである。
・どの団体を参加させるか選択する場合、もっと大きな目的に沿って決められる。例えば、1963年のミュンヘンにおける都市開発計画聴聞会では、経済界と不動産所有者は8倍、建築家は6倍代表され、賃貸者は全く代表されなかった。というのは、議会におけるこの計画の成立は簡単であると思われたからである。
・審議会で取り上げられる利益はそれを通して重みを増す。というのは、そこで表された意見は、社会的反響を起こすからである。
・計画過程において代表される利益が強くなれば、通常、広い意味における合理的行為の機会が弱まる。公共の利益を考える場合、自分の利益を否定されることもあるだろう。しかし、自分の利益から離れることは、ある問題の利害関係者のみで審議会が構成される場合、できない。そのため、そこでの合意は非参加者のコストの上に実現することになる。

---

[14] Nizard, 1972 では、ある委員会のメンバーとの経験について述べられている。

表6　審議会

手法への要求	達成度＊）
参加者への技術的情報提供	＋
参加者への、特定利用者の意思に関する情報提供	＋
持続的参加に対する動機	＋
全ての社会的階層の公平な包含	－
特殊利益の侵入に対する免疫性	－
組織の自己利益に対する免疫性	－

＊）評価（＋、－）は、傾向のみを示す。

当事者、雇用者、建築家、教会などの組合・協会や会議所が、それぞれの利益が正当であると考えるならば、それらは組織として自己利益から自由ではない。もし我々が審議会をもっと開催し、より多くの参加を望むなら、組合・協会の活性化や機能拡大が結局起こる。それは、組織化された利益のカルテルを強化する。この参加手法を大規模に反復すると、新しい身分制度を作ることになり、結果として社会の再封建化をもたらす。"審議会"の手法は、情報受容や動機の面で長所を持つ（表6参照）が、2倍、あるいは3倍にその参加可能性を拡大することはほとんど期待できない。

市民運動：政治・行政機構の失敗に対して、随時に起こるシングル・イシューの運動を我々は"市民運動"として述べる。それは、個人やもっと多くの人々を同じ志をもったグループとして組織する。大量に同時に出現しながら、それは人民投票的な性格を獲得する[15]。この手法が専門的にまたは地域的に志向され、発展して持続的構造を持つようになると、ここで市民運動と名づけられたものを越える参加形式（第2世代市民運動）が出現する。そのような発展は、行政的に統合された機関（研究所、出版社、特定の行政官）と

---

[15] ウオーターゲート委員会のコックス委員長が辞任に追い込まれた次の日、アメリカのワシントンには7万を超える電報が寄せられた。いくら働いても、この洪水に打ち勝つことは出来なかった。

して現れうる。しかしまた、既存のシステムを困難な問題に直面させる、激しいデモをしたり、あるいは、テロ専門家を持ち、行政に敵対し、または"反国家"という構造を持つこともできる。その中間に位置する第3の可能性として、協調的市民運動から、多元的に競争しあう組合・協会と協調しながら、法制化され、紛争を調停する機関に統合することができる組合へと発展する。こうした機関では、"市民参加手法・審議会"において一般的に述べてきたことが本質的に通用する。

今日、市民運動は政治システムの中で新しいものであり、我々の共同体を真の市民民主主義に前進させることに非常に貢献する、という観察者もいる（Mayer-Tasch 1976, p. 163）。しかし、この手法はもともと新しいものではない。反対の立場で、ある課題に取り組んだ、一時的な参加組織は昔からあった。それはまた必然である。解決できない問題はいつもある。1787年、トマス・ジェファーソンがマディソンに手紙で書いたように、ここそこで起こる反乱はむしろとても良いものである。それは、自然の中の嵐のように、政治でも同じく必要なものである。国民には抵抗精神がなおあることを統治者に時折思い出させないところには自由はない（Lipscomb 1903, p. 43）。

今日、市民運動に対するかなり強い期待が、アーネスト・ジョーイなどの理論家からもされている[16]。この手法が流行るようになったのは、我々の状況が危機的頂点にあることと、この運動を通して明らかにされた問題や、参加者個人、また、社会に寄与する長所のためである。つまり、

・市民運動で取り上げられる関心は、他の先行方法に対して、実行

---

[16] 市民運動は、"当事者の広範な層の自律的行為を鼓舞するもの"（Jouhy 1974, p. 25-)、作用する主体の変更を伴い客観的状況を同時に変えようとする具体的政治的試みと説明される（pp. 31）。代表制民主主義を具体的に更に発展させよう（p. 26）とし、"最も広い民主主義の展開"である。

に移されるチャンスがより高い。特に、選挙前には有効である。
・自己実現の可能性。つまり、随時の、意味ある解釈可能な反応として、他の場所ではあまりない可能性が、例えば、社会機能から排除された人々や沈下する中流階級の人々によって求められている。現在、人々は、主権者である"国民"をこの方法でもっと体験できるようである。
・参加者の社会化。つまり、彼らは随時、空間（例えば近隣）や機能（例えば職業分野）において統合される。統合価値は多くの人々にとって重要である。
・市民の意思を伝えることで行政を補完する。この手法は、問題に直接向かう。または、役人が怒り、または、当事者の関心が考慮されない場所でも行われる。それを通して、政治のチェック機能が行使される。
・刷新の可能性。具体的問題について信号的機能を発揮する。それは早期警報システムとして機能する。
・市民運動の主導者や参加者は、他のところでも必要とされる能力を行使する。政治的幹部も他の分野（組合や協会）の活動を通して幹部の資格を得るが、その面で、市民運動の意味は増加している。

　市民運動は、政治的風土の活性化に寄与してきた。しかし、この手法は繰り返し行われるとき、次のような弱点を明らかに持つ。

・"今ある"問題への集中：市民運動は、もし我々が長期的に計画していたとしたら、出現しなかったであろう、熟し過ぎた課題に取り組む。短期的緊急性のため長期的問題は積み残され、その結果、社会は被害を受ける。ここでは、早期警報システムは遅すぎる警報システムであることが分かる。我々の社会は危機治療の代わりに危機予防を促進すべきである。
・近隣問題の処理：身近な課題は民主主義の練習場と見なされる。ここで何よりも市民運動は展開する。しかし、社会の重要な課題

はもっと広い範囲で起こっているので、より高度なレベルによってのみ解決される。
- 動機の欠如：市民運動に参加するには、ある程度の情熱を前提としている。この"自由意志性"は、必ずしも誰でも同じように保障されているわけではない。そのため、この参加手法ではしばしば短期的に成果を出すように強制される。
- 劇場化：市民運動では示威行為や燃え出した紛争を目に見えるように示すことで注目される。多くの場合、意識的にスキャンダル化されねばならない。イギリスでは"妨害集団"が問題になっている。どの段階で注目されるかは騒音の大きさ次第である。これは今日増加している。日常的に市民運動を繰り返せば、市民戦争に近い状態に近づくだろう。
- 十分でない情報受容：この点、市民運動は、分化された規則構造を持つ、アドホックな行政機関に比べて情報受容の面で劣る。
- 社会層の選択：市民運動には主に上昇する中間層の人々、例えば、かつての良好な住宅地の住民（"ここはかつて静かな住宅地だった！"）などが見られる。
- 利益侵入に対して免疫性がない。つまり、市民運動は要求を持って登場し、ここでは全体の利益の守護人、"市民"自身が主導する。しかし、このような行動の背後に確固とした部分利益（家の所有者、政党、個人商店、支店）がある。この参加手法をどの程度政治家が操縦したいのか、実際感じることができる。しかし、その市民運動の背景を即座にいつも見つけることができるわけではない。にもかかわらず、この手法は、もともと平等、公正の名にふさわしいので、その名を非常に汚すことになる。
- 公的に確立できない：市民運動は、基本的自治と随時性を持っているので、現在ある制度の中では限定的にしか統合できない。しかし、市民運動がその自律性をなくすなら、広報活動の道具の一つになるだけだろう。
- 不満の増加：政治的地位を獲得する少数者のメンバーは、その

後、政党や議会、行政における市民的協働の中で、活動することができる。それに対して、参加者の大半は新しい不満を持って終わる。社会の利益の中で長期的に考えることができるようになるなど、市民に必要な考え方はあまり効果的に訓練されない。市民運動のきっかけは、既存の制度がうまく機能していないと感じたからである。それ故、市民運動は既存の制度の合理性をあまり信頼していない。多くの運動は成果を生まず、個人の諦めは、以前よりももっと深くなる。参加者の大半は、社会活動の態度へ突入したことに対して、新しい失望をもって終わる。

参加手法・市民運動は、条件付で我々の複雑社会には必要である。その実施は常に意味がある。もちろん、参加手法を反復することで出される要求について評価を試みると、この手法の効果は否定的である（表7参照）。つまり、動機、情報受容、利益に対する免疫性は保証されていない。その手法は、大量な参加の可能性に適してない。

自然発生の爆発を普通の出来事として獲得しようと努力すべきものではないだろう。既にフリードリッヒ・エンゲルスが尋ねたが、期間限定の革命を通してだけ実現できる法律で何が保障されるのか？　人間の自発性が証明される数だけ可能な限り増加して、いつも問題が起こるだろう。しかし、我々がその前に置かれている問題

表7　市民運動

手法への要求	達成度*)
参加者への技術的情報提供	－
参加者への、特定利用者の意思に関する情報提供	＋
持続的参加に対する動機	－
全ての社会的階層の公平な包含	－
特殊利益の侵入に対する免疫性	－
組織の自己利益に対する免疫性	－

*) 評価（＋、－）は、傾向のみを示す。

の大部分は、市民運動で実現されるより、より計画的に解決されねばならない。この参加手法を体系的に反復すれば、自由でない混沌の状態になる。

アドヴォカシー・プランニング：これまで詳述した手法は、全ての重要な利益を政治的に有効にすることができることを前提にしている。この仮定はいつも正しいとは限らない。児童や歩行者の利益は自動車工業の利益よりも明らかに少なく組織化されている。この点で、ここで述べる手法が言及される。権利的に弱く、他に注目されることが不可能な人々の利益がこの手法を通して参加する。この種の試みは、異なった制度化の下で、また、異なった成果を持ち、長い間存在した。スウェーデンでは1809年以降、憲法の中に"オンブズマン"の制度ができている。

　この考えは場所によって異なった呼び方で言われている。コミュニティ・オーガナイズ、オープン・プラン、アドヴォカシー・プランニング、アニメーション、社会計画、触媒方法、余暇局などと呼ばれている[17]。"社会計画"の名で行なわれる施策は、調査の性格をどちらかというと持つが、弱者を保護し、その利益の参加を促そうとする場合、"社会計画"という表記が一般的である。この作業形式が最も特徴的なものは、コミュニティ・オーガナイズとアドヴォカシー・プランニングである。これらはその対象の話す能力（自己代理・他の代理人）とその代理人（社会福祉士・代理プランナー）の教育によって異なっている。しかし、参加手法としては似ているので、ここでは共通に取り扱う。両者は、活動しながら当事者の声を聞くことで援助する。また、社会的弱者のために助言活動を

---

[17] コミュニティ・オーガナイズは、伝統的個別援助を乗り越えようと試みる。アドヴォカシー・プランニングに関しては、Davidoff 1972参照。オープン・プランニングはミュンヘンで取り組まれ、触媒手法は"危機のある児童援助共同体（ケルン）"など、社会計画に関してはリヒャルト・ハウゼルの考えを参照。アニメーション・ソーシャルはリチャードソン1970年を参照。

行い、非特権者の計画活動のための空間やその元になる資金を与える。自発的干渉の試みは、その人々自身の存在に対する心配を取り除く。彼らはまた外部の資金で雇われた専門家を投入し、行政案に対抗する計画を立案する。両方の手法は、そのようにして、同じような参加の可能性を与える。つまり、少数の人間のためには助言者、専門家、または、プランナーとして密度の濃い協働を行い、多くの当事者に対してはより少ない密度の参加の可能性を提供する。両方の手法は、こうした活動のための独自の機関を持つ。アドヴォカシー・プランニングの有利な点は、他にもあるが、以下の通りである。

・これらを可能にする、当事者と計画者の間の密な結びつき
・全ての側に生じる着実な学習過程
・特に、これまであまり考慮されてこなかった価値を計画過程に入れる

　これらの長所のため、アドヴォカシー・プランニングは計画参加に特に適合した方法として見える。これに対する大きな期待がある。アメリカでは"沈黙している多数者"に声を挙げさせる道が見つかった[18]と言われている。この興味深い考えは、参加者にとって長期的に必要な新しい考えを機能させる、これまでもっとも注目された試みとして考えられている。しかし多くの場合、アドヴォカシー・プランニングはこれまで理論に留まっている。また、勢いよく始まったプロジェクトも成果を生まず止まってしまった。代理人たちは、自分自身とその強い役割や忠誠心の葛藤に直面した。独立的担い手、例えば、財団に共同体の仕事を渡すことでそのような欠陥を軽減できる。ここではオランダの経験を考えることができるだろう。しかし、アドヴォカシー・プランニングは、この手法を反復す

---

[18] Richardson 1970. p. 53 で"草の根の新しい形の誕生"について述べている。

る際、更なる欠点が考えられる。

- 利益介入に対する免疫性がないこと：他人のための計画は、非常に異なった利益に対してオープンである。建築家がこれまで代理プランナーとして金持ちのために仕事をしてきたことと何ら変わりない。その手法は、具体的事案の中で誰に奉仕しているか問われなければならない。アメリカにおける経験で明らかになったことは、これまで実施されたアドヴォカシー・プランニングは、当初考えられた周辺グループよりも不動産所有者である中流階級が利用したことを示している。誰のポケットにドルは再発見されるか、と人は尋ねる。それについての失望は、多くの記述の中に読み取ることができる。"将軍の給料をもらう兵士たちの広いネットワーク"と思われている[19]。全体の利益のために貢献することを保証されないで、アドヴォカシー・プランニングを名乗ることができる。
- 反行政の確立：行政に対抗するように、弱者のための技術的スタッフを設置しようとする考えは、明らかなように見える。アドヴォカシー・プランナーは促進すべきと考えられる問題を再び取り上げる。つまり、促進すべきと考えられ、彼のところに持ってこられる問題、そして最終的には、彼自身がそのように思う問題である。アドヴォカシー・プランニングの生産性にとって、組織的に自明であると判断する基準が重要であることが、現在分かっている。アメリカにおける比較研究によれば、アドヴォカシー・プランニングは、技術的に経験を積んだ計画スタッフが、独立して働くことができた時、最も効果的であった。これが拡大すれば、

---

[19] Saul Alinsky（都市建設世界 1970 年・27 号）、William Smith（1970 年 6 月 7 日のインタヴュー）は、"アドヴォカシー・プランニングの考えを通して、ダヴィドフは、アドヴォカシー・プランナーに支払う連邦政府の計画責任者に成功してなった。彼はそれで多くの資金を統制し、もともとは利用すべき人々に資金が提供されることを妨げている"と述べている。

選出された議会と独立した政府の他に、アドヴォカシー・プランニングを名のることができる、誰からも直接統制されない別の機関が現れることになる。

こうした欠陥には結果が伴う。少数者を代理する技術スタッフと認められることで、全体の政治的部分システムの機能保全における逆作用が現れる。全てを妨害する可能性が実現する際、全ての見落としている利益を引き出そうとする際、2つの組織がそれぞれ計画を立案し、確定するときに、付加的なコストがどれだけ大きいか推測することは難しい。可能な2つの機関が対立していることは、確かに否定的作用を示すだろう。参加の可能性が更に開かれれば開かれるほど、結果は悪くなる。

表8 アドヴォカシー・プランニング

手法への要求	達成度＊)
参加者への技術的情報提供	－
参加者への、特定利用者の意思に関する情報提供	＋
持続的参加に対する動機	－
全ての社会的階層の公平な包含	＋
特殊利益の侵入に対する免疫性	－
組織の自己利益に対する免疫性	－

＊) 評価（＋、－）は、傾向のみを示す。

アドヴォカシー・プランニングにとってもそれに伴った多くの弱点（表8参照）が生じるため、この個別的に意義のある手法を、潜在的な参加の必要性を満たそうとする環境の中で拡大することは望ましいことではない。

3 既存の手法に対する評価の試み

当事者自身が問題に取り組むことで、自分で解決できる問題があ

る。その場合、自己管理の新しい可能性が創造される。しかし、参加の可能性がもともと限定されていることが、多くの分野の問題が結合して決定されねばならない政治の分野には存在する。われわれの研究はそこから行われる。この種の決定における参加の可能性を促すいくつかの手法について、その欠陥、反復可能性、その社会的効果の面でこれまで検討された。この検討の結果は、条件付きでのみ比較可能である。いくつかの適用されたカテゴリーのあいまいな性格は、本質的意味における比較を提供する。つまり、例えば、地方議会と連邦議会はここでは同じカテゴリーに入れられる。しかしながら、表9、10、11は、それぞれの要約とそれに伴う全体状況の評価を簡単に示している。

手法の欠陥：この要約で示された多くの欠陥は、明らかに手法自体のものである。手法・審議会は、特により高度なレベルでまたチャンスがあり、多くの点で更に発展する可能性を持ち、個人の自由も保障するが、しかし、何よりもより強く組織化された、つまり、組合・協会の利益、特に、その専従職員の利益を強化する。ここではこの傾向を「社会の再封建化」と名づけた。

　あるいは、アドヴォカシー・プランニングなどの手法は、自律的反行政組織への危険を示す。そのような部分的に刻印された手法特有の弱点とは別に、言及した手法を反復する際に現れる欠陥がある。必要な専門情報は、ほとんどの手法（表9）では非常に限定的に保障されている。持続的参加への動機は、社会的に活動する人々に開かれている手法にだけ保障されている（表9）。特殊利益の介入に対する保障は、目下のところ人民投票にのみ与えられている。全ての手法で組織的自己利益が証明され、全ての社会階層に対応して包含するものはほとんどない（表10）。これらの手法をもっと実践すれば、この階層の偏りはより深刻になるだろう。

手法の拡大可能性：これらの結果を見ると、現在ある手法では参加

の可能性は非常に限られた形でしか拡大されえないことが明らかである。もちろん、いくつかの拡大の可能性を見ることができた。しかしその際、あまり参加者がいない、あるいは、決定に介入する可能性はほとんどないことが問題になる。例えば、議会の場合であれば、地区議会か地域議会である。ほとんどの手法では、参加の規模をこれ以上拡大できない。それを数多く実施する際、否定的副作用は、参加で得ようと努力する効果を疑問にするほど強くなるだろう。

　我々の社会の更なる民主化を常に求める要求は、この参加容量の限界をあまり意識しない。そのため、この要求はユートピア的に機能する。規範的にもっと多くの市民が参加すべきだと考え、それを要求したとしても、現行の手法では実現できない。フィルマーは彼の考えに基づいて計算しているが、社会の3％から15％に活動的参加者が増えること（消極的参加者は10％から30％）は、ここではその弱点になる。概要（表11）は、拡大の可能性の限界を大まかに比較することができる。市民運動の参加容量は5倍にできない。議会は2倍にもできない。世論調査だけが、参加動機を保障することができるなら、10倍にすることが考えられるだろう。

政治的社会化の効果：これらは参加の可能性の拡大において考慮されている。紹介した参加手法の分析によって、この種の効果は異なった種類と異なった環境で生じることが分かった。政治秩序にとって意味のある特定の学習効果は、わずかな手法でのみ表れ、拡大することができない手法でのみ出てくる。これは、"システムに対する信頼"、"全体の長期的利益を考える能力"という表現で要約されたように、重要な考え方や知識を提供する。

　本書で示す体系的紹介は非常に粗雑にならねばならない。それ故、誇張されたものとして誤解を与えるが、ここでもまたひとつの概要（表12）を示そう。ここでは特徴の少ない選択だけ述べている。政治教育の学習目標のカタログにおいて、よく市民能力（例え

第2章　プラーヌンクスツェレに至る道

表9　現在ある参加手法における参加の前提としての情報受容と動機

参加者に主に保障されるもの	参加手法							
	行政	議会	政党	人民投票		審議会	市民運動	アドヴォカシー・プランニング
				選挙	世論調査			
専門的情報受容	＋	－	－	－	－	＋	－	－
特定利用者の意思についての情報	－	－	－	＋	＋	＋	＋＋	＋＋
継続的参加への動機	＋＋	＋＋	＋	－	＋	＋	－	－

表10　現在ある参加手法の一般的弱点

手法への要求	参加手法							
	行政	議会	政党	人民投票		審議会	市民運動	アドヴォカシー・プランニング
				選挙	世論調査			
特殊利益の介入に対する免疫性	－	－	－	＋	－	－	－	－
組織的自己利益に対する免疫性	－	－	－	＋	＋	－	－	－
全ての社会階層の平等な包含	－	－	－	＋	＋	－	－	＋

表11　現在ある手法の参加容量の拡大能力

あまり副作用なしでできる参加規模の拡大	参加手法							
	行政	議会	政党	人民投票		審議会	市民運動	アドヴォカシー・プランニング
				選挙	世論調査			
2倍化	－	－	＋	＋	＋	＋	＋	＋
5倍化	－	－	－	＋	＋	－	－	＋
10倍化	－	－	－	－	＋	－	－	－

ば、寛容、協力の用意、積極的関与への用意）としてまとめられる。システムが機能する上で特定の重要な能力は、このような根本的な人間能力である。政治的参加手法の他にもまた、ここで述べる必要がない能力を教え込まれる。民主主義を前進させるための特定の要素を社会化することは、考察された参加手法での期待ができないことを表の概要は示している。

表12　現在ある手法の選択された学習能力

参加者多数に、次の"市民能力"に対する学習機会が提供される	参加手法 行政	議会	政党	人民投票	審議会	市民運動		アドヴォカシー・プランニング
						地域運動	第2世代	
自己利益を明確にすること	＊	＊	－	－	＊	＋	＊	＋
全体利益を長期的に考えることができる	＋	＋	－	－	－	－	＋	－
システムへの信頼	＋	＋	＋	－	＋	－	－	＋
市民に必要な手法についての理解	＊	＊	＋	－	＋	－	＋	－

＊この手法に参加する人々は、この能力を既に持っている。

比較のまとめとその結果：非常に進歩し、効果的な政治・行政機関を我々は所持していることを概要は示している。しかし、ここで考慮された観点のもとでは、これらの政治・行政機関には決定的な欠点があることを証明している。更なる参加を保障する可能性は、非常に限定されている。手法のそれぞれは、検討された面でひとつの、あるいはもっと多くの重要な欠陥を持つ。そのため、適切な参加可能性を求める社会的要求に直面し、新しい手法を発展させることを通して、こうした限界を補完する必要がある。

第2章　プラーヌンクスツェレに至る道

　第1章では、我々の時代において表れてきた、社会背景にある要求について、簡単に述べられた。これらの要求は、実現されていない。というのは、社会全体に対する決定のための機関、すなわち、国家は、それらを認めることができないからである。決定を見出すとき、理性がもっと入り込むようにすべきだろう。そうすることによってのみ、我々の国家は現実的未来志向へ解放されることができる。しかしそれは、自律的な考えを持つ市民が適切に参加することを通して実現される。こうした市民を可能にする参加手法を開発する課題に、我々は直面している。

　新しい手法を開発する仕事は、普通でなく複雑である。実践家は、ジレンマの影響を最も強く受けているが、それに対して助けにならないように見える。ハーベイ・ブルックスのような、高いレベルの学術的実践者に対しても、要求しすぎである。多くの人は、その課題は原理的に解決不可能であると考える。政治学者は、異なった抽象的言い方でいつも語る。"機関の近代化"、"社会・政治的過程のより高度な自己管理能力の発展"、"新しい制度の発見"（Lepsius 1973, pp. 312）、"適切な対抗原理の機関化に基づくシステムの差異化"（Schluchter 1972, pp. 304）などである。"民主主義は組織的参加の問題へ強化される"（Steinberger 1973, p. 53）。"同時に民主主義的基準が適合されるより高度な複雑性の理論的概念が重要である"（Wittkaemper 1972, pp. 115）。そのため、"システム理論、決定理論、コミュニケーション理論、学習理論、民主主義理論の結合"（Naschold 1968, pp. 494）が必要とされ、あるいは、"広範な参加概念の助けで"、また、"社会的基本プロセス"（Aurich 1976, p. 124）を通じて、統制できない秩序機関を克服できることが明らかになる。社会科学者でも行政実践でもこの課題の挑戦に応えたことはない。しかし、現在ある制度の概観において示された量的限界は、新しい手法を考えるスタートになるだろう。

　概観することで、同時に新しい手法に求められている挑戦を明らかにすることができる。次に挙げるものは単なる"希望リスト"で

あるが、新しい参加手法の開発段階では、それらはモデル[20]を考えるうえで意味ある手段であった。新しく開発される参加方法は、次の要件を満たさなければならない。

・全体を考え、システムへの信頼を高める機会を参加者に与える。
・情報に基づく決定を可能にする。
・情報を得るための時間が参加者に与えられ、また、動機付けられ、作業が可能な課題に限定されていること。
・利益介入に対して保障されていること
・手法自体の利益が計画に支障を与えないこと
・社会層を選択するのでなく、平等の権利を実現すること
・決定過程を不当に遅滞させない。
・より高いレベルの行政に権限がある問題に対しても使うことができる
・超国家的課題解決への参加に対する見過ごされがちなニーズについて、今日一緒に考える。
・まだ政治化されていない計画問題に取り組むことができる。（まだ誰も関心を持たない問題がある。）
・真剣な市民の役割の要素を示す。
・現存する決定プロセスに組み込むことができる。
・社会的ニーズに対応して大規模に実施することができる。

　これらに適合する手法は、最終的には計画過程へ秩序的に大規模な市民の参加を可能にするだろう。このような“一般市民（素人）による計画システム”の兆候を現在すでに見ることができる。人間によって担われる、このシステムは、現在の政治機関を制御する上で非常に積極的な影響をもたらすだろう。社会全体で感じることができるだろう。他方、この広範なシステムは、助言に参加した個人

---

[20] ヴパタール大学“市民参加研究所”における更なる研究作業での手法比較の評価（1970、71 年）に続く、証明されたリストがここでは参照される。

第2章　プラーヌンクスツェレに至る道

の市民生活に親密な影響をもたらすだろう。参加者は、"人生の意味"やもっと社会的な"アイデンティティ"を簡単に求めることができる。ここで生まれる、新しい種類の決定見通しと個人が享受できる具体的結果を日常的に体験できるようになる。この発展の一歩一歩の広範な影響は、いわゆる"技術革命"と比較しうるものになるだろう。

　この手法の最初の段階はより困難であった。手法の部分の多くの考えうる組み合わせの可能性のもとで、著者によって当時理論的に試された。その中で2つ、つまり、"計画選挙"と"プラーヌンクスツェレ"の2案が、1970年71年の冬学期の講義で何度も取り上げられ、結果的に、論文としてまとめられた（Dienel 1971c）。3番目の案である、"計画義務"も初めから考えられた。義務教育を実施することが必要であったように、今日民主主義に適合した市民において前提とされる能力や考えを大規模に可能にし、計画義務[21]による社会化の機会について近い将来議論されるだろう。

　更なる開発作業は、言及された要件や、次にあげる多くの理由によって、ただひとつ、つまり、プラーヌンクスツェレのモデルが基礎になった。

- "計画義務"のモデルは、法律の制定が前提である。しかしそれは、近いうちに実現はできない。
- "計画選挙"のような参加方法では電子的手法を適用するため、そのような手法の促進に対応する産業の明らかな利益を排除できない。そのため、この開発のチャンスは、他の分野において示されるように、これもまた多大な費用が必要になる市場が欠如している。しかし、プラーヌンクスツェレの開発にとって、促進する利益を見ることはまずできない。
- プラーヌンクスツェレは、市民の感ずるニーズにもっと対応す

---

[21] "計画義務"のモデルに関する大変興味深いものは、Dienel 2002, p. 228〜231 の計画義務の章で述べている。

る。例えば、"グループ体験"を求める高いニーズがあるが、こうしたグループの楽しみもプラーヌンクスツェレによって提供される。
・選択された手法は明らかに費用が少なく実施できる。
・しかし何よりもまず、プラーヌンクスツェレはより高度な課題解決力がある。計画選挙の手法はそれに対して、参加の助けで解決されうる問題は、はるかに少ない。

　この新しいモデルについて、次章で詳しく述べよう。ひとつの新しい手法が同時にそんなに幅広い内容を持たなければならないのか、人は疑問に思うだろう。正しい方向への第1歩を踏み出すために、その実施はより安価にする必要がある。しかし、プラーヌンクスツェレは2つのことができる。つまり、今後の発展に沿うビジョンを創造する。また、到達状態のための基礎的情報を得るためには、十分具体的である。それは実現化する力を高める。
　これ以上詳しく述べることもできるが、次にこのモデルを広範に紹介しよう。

第3章
参加手法・プラーヌンクスツェレ（PZ）

　現在ある決定システムを補完する、一般市民（素人）による計画手法が開発されるべきとしたら、どのように実施されねばならないか。モデル・PZは簡単に何倍にも拡大できる基本的性格を持つ。このモデルは、決定の改善とより広範な参加の可能性を提供できる。

　PZは無作為で抽出された、選ばれた地域の住民によって構成される25名の集団である。その人々は、公的委託者が苦しみ、それ故、彼らに渡された計画課題、評価課題、統制課題に取り組むため、日常の義務から自由になり、4日間、有償で働く。彼らはそのため、十分、かつ、論争的な情報が与えられ、何度も交代しながら、話し合いの輪の中で解決策を探ろうとすることができる。これらは明らかに全体の利益に立脚する。その結果は委託者に"市民鑑定"として提出される。

　こうした条件を持つPZは、緊急に必要で、しかも大きな期待に応えることが明らかにできる。しかし、今日支配している条件下、PZは自分で生じるわけではない（天からは降ってこない）。この方法には前提がある。そのうち2つについて、前もって言及しなければならない。PZはまず公的委託者を前提としている。次に、独立的と認められる実施機関を前提としている。

　公的契約がない試みは、大きな資金的問題に直面する。この場合、非常に強力な援助者が必要である。他方、そのような試みは、PZの実施において、一般市民を招待し、真剣に課題に取り組んでもらう計画において、決定的影響を与えるだろう（ゲーム状態への矮小化）。

招待された一般市民は、意義を感じ、課題中心に懸命に仕事ができる空間が与えられる。このための必要な準備、プロセスの進行やその後のまとめ（第3章　第2節、作業プロセス）のため、委託者から独立した実施機関が必要とされている。

第1節——モデルの特徴

　PZのプログラムにおける、その際立った手法を紹介する前に、いくつかの特徴を個別に述べることは意味がある。これまで多く実験され、また、何度も異なったテーマで実施されたPZは、いくつかの特徴を持っている。この手法の典型的なものとして、他のものと共に、次の4つの特徴が有効なものと証明されてきた。つまり、無作為抽出、有償、事前の課題設定、グループ作業である。

1　参加者の無作為抽出

　この参加手法の最も際立った特徴は、参加者の組織的無作為選出である。この点において"PZ"は"市民運動"の反対である。簡単に参加を望むことはできない。資格がなければならない。

　無作為抽出は、話すことができ、課題を解決する集団を作る際、特に生じる困難な問題、例えば、重要な利益の定義、評価、代表性などの問題に直面する。前章で概観した参加手法（第2章2節）では全て、ある特定の人々が活動する。そのため、参加する人々は同質的である。議会は政党のキャリア構造によって選択された社会的に活動的な人々を集める。組合・協会の会議には専門家が集まり、市民活動は多くの場合、テーマに関係する中間層に属する人によってか、反対する若者によって構成される。

　それ故、これらの手法では参加者の利害・関心が選択的であることを示す。デュッセルドルフがここでは唯一の例ではないが、"市

第3章 参加手法・プラーヌンクスツェレ（PZ）

民フォーラム"の創設に当たって、400名の参加者の内、建築家、プランナーが200名を数えた。この"市民手法"においても利害の不均衡が推測されねばならない。この種の利益・関心の状態は、市民参加による計画において歪みをもたらす。中立的と見なされる知性人でも大規模な自己利益を通して動機付けられる。専門的に登録された人間の案自体、独自の利益の影響から自由でない。例えば、アメリカの建築家は彼のフォーラムやプラザを白人の、成功した、若い、非常に規律正しい利用者のために計画している（ウッド他 1966, pp. 228）。

　利益を代表すること自体は、決して悪いものではない。現在の政治的機関は、利益を実現するように計画を立案する。時速制限について自動車クラブADACは意見を言うし、閉店法に関し商店連合は主張する。公的機関も同じように活動する。公的機関の担当課長は、陰に隠れた利益団体の立場のような印象を時折与える。省庁全体が特定利益のあたかも合法的代理のように機能する。学問的鑑定においても、鑑定人に指名され、金銭が支払われている。解決が難しいのは、常に全体利益の代理の問題である。

　市民的なものというトレード・マークを使うことで、そのような歪みを中立化することが今日期待されている（市民運動、市民フォーラム、国民投票、アクション・市民意思）。あるいは、選挙による議会がそれを保証する機関として期待される。しかしここでも、その構成は、一面的である。市民運動におけるこのハンディキャップは明らかである。議会におけるこの状況はあまり注目されていない。しかし、その構成を分析すると、不均衡を見ることができる。連邦議会の議員の60％は大学卒である。驚くことに議員の多くは行政的身分を持つ人々である。連邦議会では、公務員の権利に関する仕事では、全ての会派を通して横断的に、こうした人々を見ることができる[22]。議会に代表を送っている政党の自己保身的利益は、

---

[22] 1964年、ロッコムにおけるグスタフ・ハイネマンの報告より。ロッコム会議録"政党民主主義" p. 51 参照。

ロビー活動のようにそんなに明らかでない。しかしまた、議会の重要な職を男性が占めるように、悪い影響を静かに及ぼす。女性はしばしば男性と異なった価値観から行動する。

　そのような参加者の一面性を見ると、政治的意思形成のプロセスにおいて、全ての"利益"を代表させるべきであるという要請は自明のものである。民主主義は、それに対応する決定手続きへと発展すべきである。しかし、このような要請を実現することはできない。実現するためには、全ての利益が明らかであり、把握され、その重要性に応じながら、該当する手続きに参加できるという前提が必要である。そのように参加できる委員会はどれほど幅広いのか、また、その種の手法はそもそも作業可能であるのか、と疑問を持つことができよう。

　より少ないコストで、それ故、実現可能な方法は、これとは逆に、直接の利益介入を排除して、体系的に無作為で参加者の選出を決めることである。ここでの選出は誰でも起こりえる。

　無作為抽出は異なった方法、つまり、住民台帳から何番目かを抽出するか、籤のように引く（1825年のプロイセン訓令は兵の召喚をそのように規則化した）か、で保証することができる。古代ギリシャでは政治的役割への召喚は選挙ではなく、籤が広範に用いられた。無作為抽出の実施はもちろんいくつかの説明を前提にしている。

参加範囲：PZに対する無作為抽出は今日、ある地域の16歳以上の住民を対象にしている。

選択における例外：無作為抽出から特定の人々は除外される。a) PZの実施に関係するプランナー、b) PZに参加することで互換的係争を引き起こす人々。つまり、議員、市議会議員、政府職員や主要公務員、c) 選挙権が制限されている人々（禁治産者、精神的欠陥者）、d) 受刑者、e) 海外在住者、f) 急性又は慢性患者。

第3章　参加手法・プラーヌンクスツェレ（PZ）

図6　参加者は住民登録台帳から無作為抽出

　もしできるなら、無作為抽出する際、新しく生じる、最低3つの複合的課題が十分に解決されるかをまず考慮されなければならない。つまり、参加者の動機、多様な集団状況、参加者への情報提供の問題である。

追加的課題・動機を付与すること：これまで市民参加において利用されていた動機（"自発性"）は背後に退く。その有無はここでは参加の資格として有効ではない。新しい要素（有償、グループの状況が魅力的であること、外からの期待が定着すること、或いは、むしろ参加義務）を通して、動機付与の要請にいかに対応することができるか、既に述べた。興味深い課題設定の刺激と何よりも新しい種類の、真剣な状況を通して、動機が与えられる。政治において個人に不満を与える局面が今日多くある。しかし、これらは明らかに一般市民をPZに向かわせる期待を高める。共に働くことは魅力的である。4日間の参加者の中で、一人として途中でやめた者はいない。ある急性の病気になった女性は、発作が治まった後、要求もされないのに再び"仕事に"戻ったことがあった。それ故、PZでは同じメンバーが継続的に仕事をする。

追加的課題・多様な集団状況：無作為抽出でできる集団は、高い確

率で多様な社会的側面を持つ。ここでは全ての社会層と年齢集団の代表が出会う。ほとんどの PZ では上層より下層の集団が多く含まれる。異なった話し方をする（これに関して、Bernstein 1959 参照）。異なった期待や態度が出会う。人はどのように良心を示すのか。どのような仕事のリズムに一致できるのか。確かに、異質性は集団のプロセスを難しくするが、他方、より興味深くもする。

異なった社会背景を持つ参加者を通して、ひとつの PZ の中に"社会的空間"を見ることができる。更なる異質性は、集団における特殊な性質、つまり、トラウマ的攻撃性、習慣的イデオロギー的過激性、または、他の心理的欠陥が現れることから生じる。これらの複雑な異質性は、PZ によって徹底的に克服することができる。PZ は共同の任務、全ての参加者が意味のあるものと考えることできる任務を果たす。他の集団学習プロセス（例、学校）に比べて、そこには特別な"真剣さ"がある。職業や主婦の仕事と比較して、PZ には旅で何かを発見するような魅力がある。社会的異質性は、こうした方法でプラーヌンクスツェレのために統合をもたらし、その他（家族、会社、軍隊）のところでも互いにすることができるような経験をもたらす[23]。

集団の異質性も除去するという、PZ における量的には把握しがたい非常な特性は、通常の協力的仕事では当然のものとして出現させる方法で、集団プロセスの中で異質性を平準化し、訂正し、補完するように機能した。私たちの社会の他の所では全く現れないが、こうした異質性を持ちながら練習する可能性がこのようにして拓かれる。これについてはまだ話すべきであるが、この状況は、世代問題、階級対立、女性差別または人種問題など重要な紛争の除去のために利用できる。家族、政党、または、教会は、今日、機能を喪失

---

[23] スイスの兵役協会において異なった年齢者は混ぜられるべきかどうかという疑問について、例えば、"年配者の若者への静かな影響と若者の年配者に対する励ましの影響が戦争の歴史を通じて幾度も明らかになった事実である"（Brunner 1966, p. 237）ことが参照される。

するか、さもなければ、その機能は限定的になった。PZ では、社会的紛争を小グループに移し、紛争解決のための糸口を作ることが強調されている。つまり、"互いに虚心坦懐に、具体的課題を志向し、個人や集団利益を乗り越えることを可能にし、促し利用するような手法は他にないと私には思われる。これら全てが既に存在し、集約し働き、その機能を持っている。それが本当に存在することに人は驚いている"（Sturm 2005, p. 43）。

追加的課題・情報受容：無作為抽出によるグループは、異なった情報を持つ、また、情報を得る、異なった能力を持つ人々を包含している。計画するという仕事は、参加者が十分な情報を得るという問題が解決されて、初めて行うことができる。

　素人プランナーは情報が欠如しているという反対意見は決定的である。われわれの生活体験を通して、こうした反対は正しいもの、自明なものと感ずる。しかし、どこからこの自明さはいつももたらされるのか、つまり、それは私たちにどのような社会的機能を与えるのか、ということである。素人に資格を与えないのは、専門家の効果的自己防衛である。こうした差別は、我々を特定の責任から自由にするので、我々の側でもそれを受けとめようとする。しかし、こうした批判は、次の３つのことを低く見ている。つまり、第１に、市民みんなが持っている"人生経験"、第２に、人間の一般的学習能力、第３に、克服できる問題であること、である。"専門的情報を持たない"という批判は、こうした点を無視する可能性を持っている。

　市民は、その社会化の過程で、心構え、目標、価値、そしてしばしば非常に特別な能力や知識を獲得してきた。情報受容に対するこれらの基本的準備は、特定の教育課程に結びつかない。それらは試験を通して証明される必要はない。例えば、詩人、芸術家、政治家などの職業集団全体は公式の教育課程なくして現れる。

図7　異なった意見を持った参加者が相対する

　人間の学習能力は未曾有の創造力である。この文章をいつも読む者は若いときに驚くほど抽象化の訓練を受けてきた。例えば、ことばや文章など、現実を意味するシンボル体系で複雑な操作を実行すること、つまり、"話すこと"、"書くこと"を学んだ。成人が新しい情報を取り入れる能力はより大きい。特定の見知らぬ状況は、学ぼうとしている人によって驚くほど早く確実に咀嚼される。何かを販売するとき、セールスマンは数秒で目に見えるシグナルの全体を理解し、自分の態度の中に反映する。恋人も同様の効果的反応を示す。しかしまた、短い時間の中で全く新しい役割は学ばれる。病院に搬送されるや、人は数時間の内に"良い"患者になる。若い母親はその新しい仕事を立派に果たす。海外に初めて旅行した人は、世界旅行する人のようになって帰ってくる。昇進した人は2日目には既に立派な課長のように振舞う。

　成人は"強制的状況"で学ぶ。これらは新しい期待を通して示さ

れる。もし、人間が学ぶことを見たいなら、そのような状況を作り出さねばならない、つまり、相応する役割を提供しなければならない。素人プランナーの欠如した学習能力という批判は、それ故、限定されるものであるから、それがどこで有効か否かは明らかである。行政に対する、素人を通じての政治的統制である"議会"の構想も、いつもまた新しい人の能力が前提である。それぞれ重要な専門知識を習得すべき問題のある状況の中で、彼らは決定しなければならない。

　解決に必要な情報が保障されてはじめて、問題は合理的に解決できるだろう。素人プランナーの情報受容は、対応した形で次元化された問題が事前に与えられることで可能になる。ここで言う"対応する次元化"とは、解決するのに必要な情報が、与えられた時間の中で、無作為で抽出された参加者が決定を下すことができるように、問題が見出されなければならないということである。

　全ての3つの方向で、言及された批判は有効性がないことがわかる。無作為抽出の陪審員（一般市民）における不十分な情報受容性は、そうして見ると、見せかけの問題であることが証明される。そうすると、対応する地位の提供と資料調整・仲介の問題に縮小される。この二つの問題は後で述べたい。素人の情報受容に対する疑問は専門家の視点から、つまり、社会的座席としても批判されるべき特定の地位からもともと出されたものであることだけをここでは言っておこう。役割を示す記章を受け取り、特定の役割行動をする専門家は、それに対応した技能が期待される。病棟で白衣を着て働いている医学生は患者から"先生"と呼ばれる。その種の役割の要素は、それぞれの社会では異なった程度で職業化されている。アメリカでは全ての住宅建築の80％は建築業者によってではない（Demerath/Baker 1951）。イギリスの裁判制度では、警察によって提起された事件の95％は職業裁判官ではなく2万1000人の陪審員によって処理されている（Johnson 1973）。それに相応する技量について、ドイツの裁判官には決していうことはできないが、ドイ

ツの職業的役割に比較すると、イギリスではより少ない尺度で規定されている。それらは非職業的にもたらされている。もし、労働組合書記局が郵政省を乗っ取るとか、成功した医者が理髪師の資格を持った者であったと暴かれる場合にのみ、職業と技量の分離がわが国では瞬間的に起こる。

人間は一般的なものにも専門化することができる。それに対応する役割がある。法律家、政治家、ジャーナリストなどである。しかし、まさにこれらの役割に、特に多くの情報、他の関係で獲得される情報を用いることができる。それはプランナーにも当てはまる。市民陪審員の情報受容の問題もまた解決できなくはない。特定の問題について4日間取り組むことで、参加者は情報提供する専門家よりも多くの知識をその時点で持つことがしばしばある。グループの中で一生懸命取り組むことで、参加者は多くの情報を受容していく。

言及された議論は、参加に必要な動機、多様に構成されたグループでの協力、要求される情報受容を確保することが何故うまくいくかを示している。

参加者の選択における無作為手法の適用はそのように可能になる。ここではPZのために作成される、社会を横断した参加者の構成によって、一面的利益に奉仕する解決をもたらさないことを保証する。もし、グループの中のある市民プランナーがそのような一面性を代理するなら、それらはグループダイナミックスのプロセスの中で仮面が剥がされ、それから訂正される。決定における理性が疑われる場合、それらはPZでは貫徹できない。直接的利益介入は無作為抽出を通して排除される。この決定的長所の他に、無作為抽出における更に3つの長所が言及されるべきだろう。

当事者性：PZの参加者の決定過程では、当事者性というメルクマールはあまり重要ではない。通常の参加手法（審議会、市民運動、社会計画など）では、当事者であることが決定的意味を持つ。しば

第3章　参加手法・プラーヌンクスツェレ（PZ）

しば、当事者の共同決定を保証する事が、これらの手法の目的である。多くの問題に対して、それはまた必要である。しかし、より大きな全体の利益と当事者の意図が一致しない面もまた多くある。大学は教授と学生だけのものではないし、空港はそこの人々だけのものではない。

　概念的区別について、もちろん更に言及されなければならない。関係する当事者は、いわゆる証人、原告又は弁護人としてその主張を、プレゼンテーションを通して情報提供できる。そのような議論は、PZでは意見聴取の形で取り入れることができる。PZ は、特に利益から離れた、可能な合理性の集積として、未解決の問題に対し、身を粉にして働くような有効な解決の基礎を提示する。

平等性：参加者の無作為抽出は、平等の原則を保証するのに有効である。それは全ての人に参加の平等な機会を提供する。この手続では、異議申し立てや裁判の監査の手続きでは必要かもしれない優先

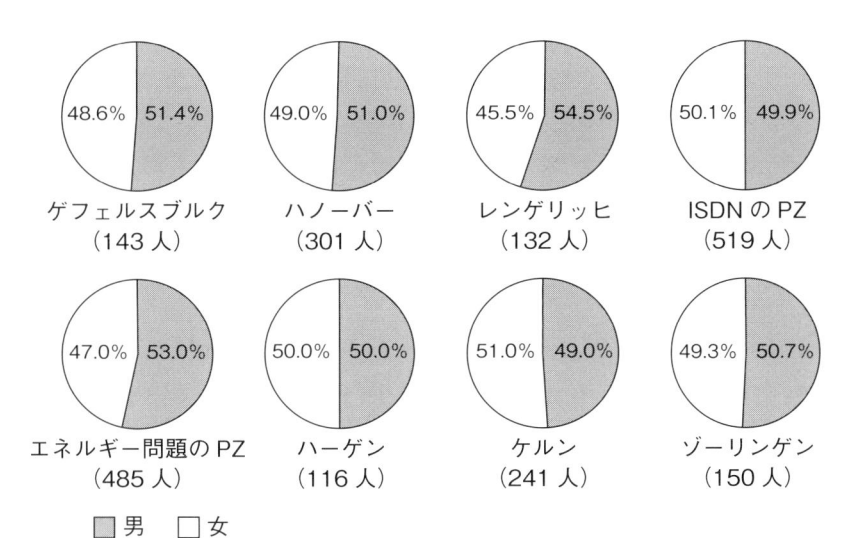

図8　PZ参加者の男女比

権はない。平等に対する要請（全てのドイツ人は平等な国民としての権利と義務を持つ：基本法第 33 条）は尊重される。

代表性：最後にこの選択方法は、権利を有するすべての人々と選出された人々と間に代表性があると宣言することができる関係を作る。そのように抽出されたグループは、選出時の社会を明確に反映している。ベルリンの市区であるクロイツベルクでプラーヌンクスツェレが実施されたとき、34％はドイツ人でない参加者であった。このグループのための情報は、トルコ語で印刷され与えられた。他の人的特徴、例えば、性別（図 8）はいつも一般的に平均している。

今まで述べてきたように、プラーヌンクスツェレが無作為抽出された参加者で占められることは価値があり、かつ可能である。PZ の実践的経験はこの点を証明している。

義務から自由になる参加者：PZ の課題中心のグループプロセスは、その情報の優先や決定の優先を参加者に強く要請する。例えば、継続的出席を要求する。PZ はそれ故、その時間的要求の面では、通常の勤務態度に相応する。このような参加は、他の義務から全く自由になることを前提とする。素人プランナーとして選ばれた人は自由になることを要求しなければならない。

このように労働や家庭の義務から自由になることは全ての人にとって平等に簡単に行なわれるわけではない。例えば、小さな子どもを持つ親、自営業者、高額所得者、経営上代わりのできない人々などには、とても難しい。この要素を支配的排除の基準としないためには、それを補う措置が必要になる。しかし、これら全ての場合にも解決策を見つけることができる。例えば、両親の場合、幼稚園に頼むとか子どもの面倒を見る人を準備するとか、配偶者が休暇を取るなどして、である。

第3章　参加手法・プラーヌンクスツェレ（PZ）

　素人プランナーとしての仕事はその労働関係に悪い影響を与えることができる。これらの影響のいくらかは避けることができる。兵役義務者の職場を保障する立法は、PZの任務に対しても拡大することもできよう。このような問題が研究されてきた（Eberle 1972）。もし、自由になることが望ましい範囲に広がるべきとすれば、参加に対する義務によって最も確実になる。このことは、1970年秋に既に展開した考え"計画義務"で論じた（Dienel 1971b, p. 84）。

　全ての人々のために実現されねばならなかった機能はいつもあった。それは、異なった仕方で保障される。それらは宗教的義務として見なされうるし、暴力的脅迫を通し強制されるか、むしろ特権や名誉として実行されることも可能である。どのような仕方で"強制される"かは、兵役義務、就学義務、ゴミ処理の義務、あるいは、計画義務を要求するコスト次第である。しかし最終的には、政治的風土、社会的常識が必要である。我々の社会が生き延び、発展するために、多くの市民の社会的参加を実現する意味において、この参加を後に義務として組織化することは意味がある。

素人の参加：無作為に選出された"素人"陪審員にプランナーとしての資格を与えるためには2つのことが必要である。彼らは、この任務を遂行できるように、事前に与えられた特別な課題について十分知らないし、グループプロセスに十分に慣れていない。そのため、この種の素人のプランナーの集団には補完が必要である。自分でやりなさいというと、参加者の多数に不満を与えることになる。外部から見ると、この素人による計画は、妨害主義の印象を避けられないだろう。未熟で非合理な結果は、決定プロセスを促進するよりは妨害することになる。

　必要な補完は2つの方向で行なわれるべきだろう。つまり、ひとつは素人プランナーに必要な専門知識を準備すること、もうひとつは効果的グループプロセスを可能にすることである。両方とも、参加者だけでできない。事前にプロセスを熟知している（第3章第2

節2を参照）2人の進行役（男性と女性）が、最初の朝、その手法を説明し、4日間のプログラムの中で共同作業を促す。

専門知識の提供：共に決定すべき者には必要な情報が与えられなければならない。課題について素人参加者は、始めは全く知らないか、少ししか知らない。個々の参加者からグループにもたらされる、計画に重要な知識ももちろんある。しかし更に、短い説明（2人の専門家、論争的）、準備された情報、利害関係者や専門家、反対の専門家への意見聴取、巡回、視察、現場検証などを通して必要な情報を与えられることは、グループがその問題を理解できることに役立つ。

　テーマに関する複雑で多面的情報は、重要な要素に縮減し、視覚化（イラスト、映像、図表）できる。異なった解決策は別の色（赤の計画、青の計画）で示される。文献や数量がはっきり理解できるものでなければ、専門情報の最初の提供として十分ではない。

　素人参加者はとても異なった立場から来ている。選ばれる地域の社会的構造が重要である。これらは田舎と大都市で異なっている。もっと大きな違いは、参加者の住宅地の所在である。しかし、情報提供では義務教育の知識や大衆紙の読者レベルの一般的問題意識を前提にすることができる。それ故、最初の情報調製は専門家だけに任せられない。教育的体験が考慮に入れられる。PZの作業中に、情報として準備されていないデータもまた問い合わされる。しかし、専門家に対応する要請が準備されているなら、その種の提供は迅速にできる。利害関係者の考えや利益は、意見聴取や現場検証で提供される。他の場所で既に出された解決策や似た問題を取り扱った事例は、外部の講師や視察などでPZでの考慮に反映される。原則として、参加者は専門的、期限付きの解決のために必要な全ての情報を得られなければならない。それに際して、まだその例はないが、参加者は守秘義務を負うことも考えられる。

第3章　参加手法・プラーヌンクスツェレ（PZ）

図9　グループ作業の前の情報提供

共同作業できる保証：与えられた専門情報が、どのように受けとめられ、また、使用されるかがとても大切である。そのためには、個々人の受け入れる用意と無作為でできたグループの雰囲気がここでは非常に重要である。集団における均衡状態は壊れやすい。少ない日数、召集された新しい人々によって偶然できる集団では、何倍もそうである。そのため、グループダイナミックなど、訓練によって得られる専門理解を通し、プロセスを志向する補完がなければ、それはまず持って不可能であるように思われる。そのような専門家がいなければ、グループは"自分で効果的に機能することは難しい"。そしてそのような目的は、"グループダイナミックスの仲介がなければ、実現できない"と考えられる（Dienel 2002, p. 97, 151）。しかし、PZ開発の初期段階で、参加した住民は共同作業に必要な能力を非常に持っていることが明らかになった。彼らは、自分たちが関心を持つ状況の中で、それぞれが取り上げられた課題に適した

理解を示し、その解決の可能性を求めて競争した。それは形式のない小グループ（5人のグループ）の中で最も明確であった。しかも、4日間全体の共同作業の中でも全く同様であった。

　PZのプロセスのために心理学的に資格を持つファシリテーターが必要性であるとかつて考えられたのは、職業的会議司会者やグループダイナミックスの専門家が持っている職業観に強く影響されたものであった。PZでは事実として"社会的に多様な成人の集団は討議的討論過程"（Dienel 2002, p. 152）で、専門的理解だけではなく、"社会的雰囲気"を生み出すことがかなりできる。全体会や5人のグループにおける討議過程を構造化することで、ポスター（"問題の山""討論の木""問題の棚"）もこれまで活用され成果を上げた[24]。それらによってグループは、本質的問題に集中できるようになる。

期限付き参加：完全な市民の役割を継続して作ることはできない。常に何でもできる主権者を提供することはできない。市民は、出てくる問題領域を、首尾一貫して分業化し、それぞれに厳しい期限付きで関わることができる。PZの手法で提供される、政治行為に働きかける参加も、そのように時間が明確に限られている。ここでは一般市民に新しい継続的役割は期待されない。協働によって期待されるアイデンティティや価値移行を優先することは、期限付き専門化において既に始まっている。また、計画への成果に関係するものは、グループを通して数日間だけで成し遂げることを要求される問題に簡単に限定させる。

　1969年から71年、PZを考えた時、一般市民が12週間参加するモデル案で始まった。1977年に執筆された著書"プラーヌンクスツェレ"の中でも、このモデルの効果的実施は、なお3週間の共同作業で可能であると考えた。"この夏期休暇のような時間を使うこ

---

[24] そのようなポスターの2つは、例として、Dienel 1977b, p. 45 に図示されている。

とは我々の社会では受け入れられるものである。そのように期限付きで計算されるところでは、個々人の参加者にとっても仕事から離れることは慣れているだろうし、経済や行政にとっても同様であろう"（Dienel 1977b, p. 109）。しかし、3週間モデルは一度も実施されなかったし、ただ真剣に検討されただけであった。構想を検討するために、より短い1日、2日のテストが当初数多く実施された。しかし、すぐ4日間のモデルに移行した。テストの期間、全ての社会階層の参加者は必要な情報を取り入れ活用できるということが繰り返し体験された。その結果、当初のモデル案は撤回され、現在まで長い間実践されている4日間のプロセスに集中するようになった。4日間の実施はPZモデルの標準形の一部になった。モデルのそのような標準化は、将来多く実施される重要な前提になる。

　著書"プラーヌンクスツェレ"の発行はもちろん反響があったが、3週間の期間については、長い間そのままであった。しかし、4日間のPZは費用が少ないないだけでなく、より効果的であると何度も書かれている。例えば、博士論文（Schweiberg 2000）についての新聞のニュースや2004年に出された大変興味深い著書（Rieg 2004, p. 298）などである。

　しかし、始めにもう一度"期限付きか否か"という考えに戻ろう。そのように短く期限付きにすることについて課題と長所がある。

課題：
・継続的仕事をする場合、動機の付与やキャリアアップの可能性、職場の保障が与えられる。短い期限付き実施ではそれらはない。
・期限付きの仕事では、継続的労働状況と異なった方法で、公務上の知識はもたらさねばならない。必要な手法の知識は参加者に外から提供されねばならない。
・"責任性"として示される、成果を改善する社会的チェック機能は、期限付きPZでは官僚制度におけるチェックと違う形で実施

されなければならない。古代ギリシャでは、政府や役所で数世代の間、期限付きで働くことができたが、そこで行われるチェックのように強く実施する必要はない。今日、役人はキャリアアップの際にチェックされるが、古代ギリシャでは、任務終了後、期限付きの役人は、証明手続きを通して監査が実施され、しかも、不定期に行われた。また、その結果、不正のあった場合、死刑も稀ではなかった。民主主義に慣れ親しんだ同時代の人々[25]には、それはあまりにも厳しく感じられた。PZでは任務を共同で行うこと（グループ圧力）を通して責任ある行為がなされる。

- 権限があれば賠償責任もある、というのがふつうである。役人はそれを知っている。損害に対する賠償責任は継続的勤務に結びついているわけではない。誰でもその作為と不作為の結果に対して責任を持たねばならない。その際、交通事故の場合と同じように、かなりの額が問題になりえる。ここで出るリスクは今日保険を通して保証される。集団的決定の場合のように、状況が明確に計算できないとしても、責任問題は第三者のためにも満足して解決するような方法を見つけられる。ここでも古代ギリシャと同じようになる必要はない。そこでは時限付きの役人はその家族に及ぶ人的、または財産を持って責任を取った。年の終わりの義務調査手続が結審する前は、約700人の役人の誰も国の外に出ることや養子にすること、或いは、その財産を自由に処分することは許されなかった（Tarkianinen 1972, pp. 269）。

長所：
- 期限を限定してのみ自分の考えを変えることが許される。素人プランナーはPZにそれぞれの社会関係から来て、PZが終わるとそこへ戻る。専門化が不可避な状況の中で、人間が自己実現のために違う体験をする意味は、マルクスや毛沢東だけによってでは

---

[25] 例えば、デモクリット BC470〜360

なく、常に指摘されてきた。この異なった体験は期限付きの役割を引き受けることで実現される。継続的仕事は専門化の別の形式に過ぎない。
・プランナーの役割が期限付きで提供されることは、より多くの人が参加することを可能にする。一人の職業的決定者がフルタイムで40年間する仕事は、約2000のPZを実施することと同じである。そんなに多くの人間がプランナーの役割を体験できる。
・PZモデルにおける小グループは、明確な期間に限定される。それによっていくつかの長所が可能になると同時に、ある短所を回避できる。小グループのメンバーは、グループプロセスが進む中で、相互に相手の行動などを予測することができる。共同任務を成し遂げることに対して短い時間の中で効果をますます上げ、参加者は、それぞれの言語的、非言語的サインのレパートリーの意味合いを知るようになる。他方、この集中した出会いがずっと課せられているわけではない。その終了ははっきりしている。期限のあるPZは、要求の多い社会的異質性にもかかわらず、参加者の心理的負担を決定的に軽減させる。
・期限付き参加は、自分の元々の環境から参加者が疎外されることを回避する。持続的参加（代議士、政党や労働組合の専従職員）は、例えば、下層階級に所属する人々において別の自己利益の確保に導く。そのようにして、専従員の子供たちは"父親の古い階級の同志ではなく、新しい階級の同志と結婚する（Michels 1912）。SPDは"プロレタリアートの構成要素を脱プロレタリアート化"する機能を持って、"階級を上昇させる機関"であった（Michels 1957, pp. 268）。PZでは下層に属する人々はその地位特有の利益を代表する者に留まる。
・参加の厳しい期限制限は、手法自体の利益が現れる危険性を減少させる。都市行政、商業的計画事務所など、どの組織であっても自己自身の利益がある。その拡大や延命が重要になる。それはまた、行政を統制する市民社会的組織、つまり、市民に選出された

議会であっても同様である。PZ はこの点異なっている。1週間後には解散する。PZ では経歴も再選出も可能でない。参加者はここでは何のキャリアを積むことはできない。全体としても共通の未来を考えることはできない。"時限的決定者"における役割には、機関独自の利益はない。我々の社会のいくつかの重要な課題の解決にとって、このような中立性は大きな長所がある。

2　有償の参加

　PZ の更なる特徴は、参加市民にお金が支払われることである。新しい種類の手法が望まれるなら、そのために要請される動機が準備されなければならない。例えば、ある時間拘束されること、必要な情報を聴取すること、グループプロセスにおける目的に即した協働など、参加者一人ひとりに刺激を与え、動機付けることが PZ には必要である。

　ここで考慮されるべき動機付与の可能性を明らかにするために、今日計画過程への参加に影響を与える動機について検討されなければならない。新しい参加モデルを開発する試みにおいて、次のよう概念のもと、動機について考えられた（Dienel 1971c, p. 153）。

・対象に対する関心
・対象と独立した関心
・自己利益から離れた価値実現
・ゲーム的面白さ
・グループへの所属
・有償

　ここで挙げた動機はもちろんそのままというより混ざった形で現れる。しかしながら、現在ある市民参加の手法の分析で、これらのカテゴリーは証明された。選挙、アドヴォカシー・プランニング、

第3章 参加手法・プラーヌンクスツェレ（PZ）

　市民フォーラムでは十分に機能する動機は、集中的参加手法 PZ にとって十分ではない。ここでは特に、参加が大量に実現されなければならないし、より強固な動機、例えば、有償である事もまた考慮されなければならない。

　市民活動のそのような動機付けの形式は、他の状況で既に使われているし、使われた。古代ギリシャでは、国民集会への参加（政治教育として理解した劇の上演に対しても普通であったように）にすら全ての市民に日当が支払われた。その際、対象となる人々の数は少なくなかった。決定する際、秘密投票において最低 6,000 人のアテナイ人の国民集会の出席を前提とするものもあった。公共的課題への参加に対する支払いは当時民主主義において最も本質的なものと考えられていた[26]。大幅に少ない範囲だが、我々の場合も日当が支払われる。つまり、連邦、州、郡、市町村の国民・住民代表に対してである。専門知識を有する市民が議会の委員会に出席する際、日当が支払われる。日当の支払われる人々を多くすることがしばしば考慮されている[27]。PZ の参加は有償である。有償であることは、PZ に参加することで生じる欠損した所得を保障することで、実感的に補完されるので、とても重要である。PZ に参加することは"プランナー"という地位に相応しい尊敬を受ける特権であることを、社会はお金を支払うことによって認める。他の保障は小グループのプロセス自体にある。つまり、個別の成果の発表、進行役の優しい心遣い、グループ内の地位のローテーション、板書などである。集団内外で動機の付与を組織的に保障する可能性は社会の他の分野でもある。例えば、叙勲などでは、追加の動機付けを手間隙かけて、また、特別な制度を通して行なわれる。推薦、証明、表彰、資格証書などが行われ、与えられる。また戦争の年毎に、数百万の栄誉の作成が、軍隊内の独自機関や上位の機関によって行われる。

---

[26] アリストテレス、政治学 1317b
[27] 例えば、"立地計画の作業ハンドブック"（Curdes, Boettcher, Merk 1972）では市民参加における欠損所得の保障が紹介されている。

図 10　小グループの考えを紹介する参加者

　PZ プロジェクトの具体的実践において、有償の機能は、支払い自体より意味の付与を示してきた。我々の社会においてお金をいくらか支払らわれる時、その状況の"現実性"を証明する。有償である事を通して、PZ の参加者は、彼に提供される鑑定人の地位が社会的に真剣なものだということを明確に理解する。
　受け入れられる地位の提供。つまり、この課題中心のグループプロセスに参加することは、個人に意味あるものとして解釈される地位を与える。彼は鑑定人の地位において、共同評価者あるいは共同監査人としての仕事が要求される。ここでは"市民の役割"が与えられていることを、非常に限定された期間の中で、はじめはゆっくりと、そして次第に、はっきりと理解するようになる。
　社会が提供する役割は、とても異なって評価される。ある仕事が成就するか否か、提供された役割の魅力が非常に大きな意味を持つことを日常的に体験している。その際、役割の地位は、多かれ少な

第3章　参加手法・プラーヌンクスツェレ（PZ）

かれきちんと組織化され、現実的であり、明確である。
　ラインラントではカーニバルの時、カーボーイ・ハットやブリキのピストルがいかに子供たちを自由な世界に移行させるために重要かを観察することができる。駐車している車の間で、男の子は想像力をかきたてる。大人であること、生死を越えて自分の意のままにすることを夢見る。しかし、大人はこれらの立場がいかに"非現実的"であるかをすばやく感じる。それは遊びとしてのみ実現できる。子どもにとって全く異なった地位へ変更する可能性は魅力的であろう。脅威を与える悪から身をそらし、もっと違うように"真剣に"向き合うこと。開拓、確証、大人であることが本当は何であるか、我々が事実として直面している問題を克服することで理解されうる。
　我々の将来を築くために、課題を克服できる可能性を持つ一つが"プランナーの役割"と名づけている地位であり、そのことに人々は勇気付けられる。これがこの役割を非常に魅力あるものにするのである。参加者（素人の鑑定人）が潜在的に受け入れた鑑定人の役割の中で自分を見出すなら、参加者の態度は決定的影響を受ける。その影響は言及される価値がある。つまり、できるようになること、動機付けられること、参加者の間で期待が平準化されること、自分の知識が尊重されること、その仕事は自分の一部であると感じることなどである。
　多くの社会的役割にとって、必要な能力の獲得は、それに相応する地位を得ることで多かれ少なかれ"自然に"起こる。そのような実践を通した学びは、また鑑定人の地位を受け入れることで加速される。
　参加問題の更なる解決は、常に十分な動機を前提とする。ここで述べられる役割の提供で彼らには責任が生じてくる。それはむしろこの高い評価を受ける地位である。その地位は、小さなグループの中で期待が水準化することで強められるが、参加者個人は、継続的に協働するように準備している。素人のプランナーは、グループプ

ロセスにそれぞれの人生知識を持ちより、参加する。しかし、彼らがそこで自分自身の知識を志向することは彼らに要求されない。参加者が互いに持つ重要な態度に対する期待は、新しく得られた地位で平準化される。つまり彼らは、何よりも計画する市民として互いに対する。課題志向の態度を持っているがゆえに、他の参加者の態度は予測できるようになる。それは参加者一人ひとりに、より確かな反応を可能にする。そこには強制はない。共通の課題に相応しい違いや反対は認識され、或いは、表明される。参加者全員が公的プランナーとして期待されていると思うことは、グループの状況を"中立化"する。

　鑑定人一人ひとりが、自分独自の知識や価値観を持ち込んでいることは許されている。反対に、鑑定人の役割は、これらの一緒に持ち込まれた知識や考え方をむしろ認めることである。参加者が自分

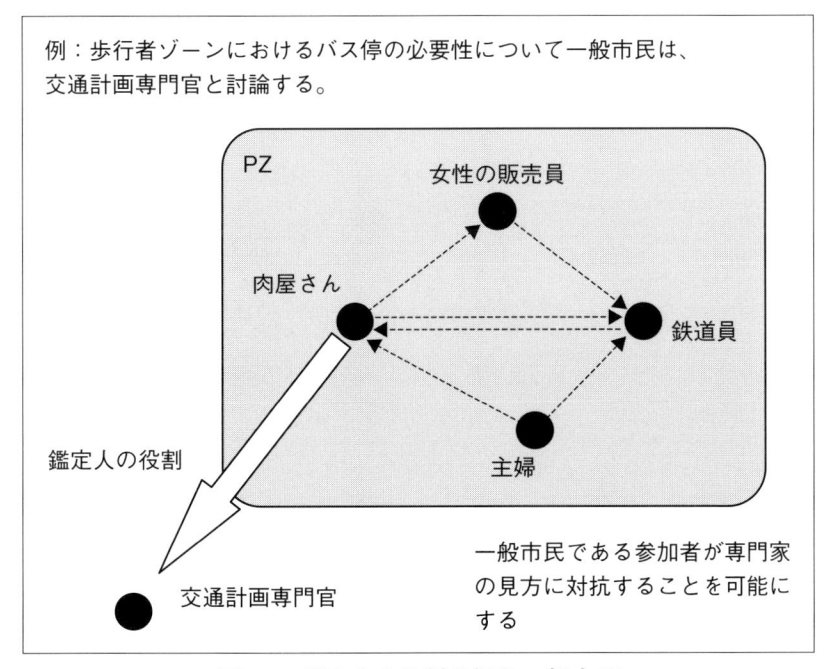

例：歩行者ゾーンにおけるバス停の必要性について一般市民は、交通計画専門官と討論する。

図11　鑑定人の役割を担う一般市民

第3章　参加手法・プラーヌンクスツェレ（PZ）

の考えや体験をゲームに持ち込むことはプランナーによって期待される。それで初めて逆質問、抵抗、明らかな紛争と訂正が可能になる。これらの期待を拠り所にして、素人プランナーはむしろそれによって、所管の専門プランナーと事実に即し、対抗できる。

　参加者は、PZ のプロセスを通して次第に自分を鑑定人だと思うようになる。これらのアイデンティティは外に対する態度にも反映する。例えば、ある PZ の現地視察の際、解体される家屋の前でたまたま出た会話があった。この通りでの話し合いの中で、PZ の参加者がそこの当事者に攻撃された時、彼らは自分たちが立てていた整理計画の立場に明確に立っていた。これは、参加者が鑑定人の地位を受け入れることによって、鑑定人としてのアイデンティティが集中的に確立されていることを示している。

3　事前の課題設定

作業分割：政治で扱う問題群は、今日分業的にのみ関われる。周知のように、全ての行政はそのように機能している。"主権者" もまたそのように組織化されなければならない。全ての人々に与えられるべき市民の役割は、同様にこれらの分業を受け入れなければならない。というのは、課題は、解決が当然優先され、委託者によって緊急に考慮され、明確に限定されるからである。これは、PZ の更なる特徴である。"つまり、この方法は、社会一般に受け入れられる分業の原則を、誰に対しても市民社会的協働を可能にする点で、他の市民参加の手法にないほど一貫して実施された。ここでは人は被害者や顧客としてコミュニケーションに参加することを動機付けられていない。ここではむしろ、参加者は陪審員、市民的鑑定人として具体的課題に集中して取り組む。すべて重要な側面をもちろん持つ、これらの限定された課題の側面が陪審員に前に提示されている。"（Leinen 2005, p. 105）。

　それによって、例えば、"テーマの自己選択" の可能性に直面し

てグループ内部の合意強制などから生ずる困難さを PZ は回避できる。テーマを自分たちで考える時の根本的議論に比べ、事前に与えられた課題から始めることができることは、本当に自由である。テーマの優先について、他のところでその長所、短所を論じている（Dienel 2002, pp. 103）。素人のプランナーが認識すべき側面は受け持った課題と結びついている。与えられた課題により、多くの方法で情報が準備され、参加者の対話が組織化される。

情報提供：情報提供の基本的問題は、重要なデータが洪水のように押し寄せ、見通しがきかなくなることから生まれる。素人のプランナーが、情報が満ち溢れる場所でイライラすることは十分考えられる。人間が多くの情報の中でかえって情報を見失うことは周知のことである。PZ の仕事能力は、現実的に常に可能で、一貫した情報の編集を通してのみ確保される。その際、参加者の選択関心に委ねることは、限られた時間の中で最適な情報受容が実現されない。それ故、PZ では準備された情報が提供される。それによって、参加者は課題を理解する。重要な利害状況、代案的解決の可能性やその結果の経費、解決の他の分野や利害関係者への影響などが明確にされなければならない[28]。

対話の組織化：4 日間の PZ では全体会における作業はほとんどなく、ほぼ専ら下位のグループで行なわれる。そこでは、例えば、"梨籠"、"555 手法"（5 人の 5 つのグループが 5 分間）などのショート・グループ手法など、今日グループ作業として知られている形態の総合的パレットが、プロセスの活性化のために利用されうる。また、成人教育に現在使われる傾向グループの手法を独自の選択に基づいて実施することも考えられうるだろう。しかし、これまで PZ の作業ではあまり実施されてはいない。PZ の作業では 5 つの

---

[28] 情報資料の制作に関しては第 3 章 2 節 C の準備段階参照。

第3章　参加手法・プラーヌンクスツェレ（PZ）

小さな並行的グループが、それぞれ約1時間、同じ課題設定で実際的に作業する。その結果は、続いて互いに評価され、市民提案の一部となる。素人の陪審員は、親密な会話の中で情報を受け取り作業し、共同して意見を形成し、課題を解決する。

助言的任務：PZによって作られた解決案は、市民的に正当化された決定として提出されるのではない。それらはむしろ公的委託機関に市民的助言として提出される（"市民鑑定"）。

　もちろん我々によってではないが、別のところで、PZの成果を"決定"として語られようとした。つまり、市民はただ助言的に仕事をするべきでなく、例えば、裁判における公的な権限を持つ仕事のように、決定を下すべきであると。フランスの大統領候補になった社会党党首シゴニー・ロワイヤルは、無作為に抽出された市民グ

図12　グループ意見に対する投票

— 105 —

ループ（市民陪審）が議員の統制のために定期的に起用されることを提案した。そのような提案は、抵抗に会い、PZ モデルの市民参加手法の採用に対し、誤解を与えた。ロワイヤルによって提案された考えは、彼女にポピュリズムの非難[29]をもたらし、政治家、専門家の間に憤激の嵐を引き起こした。

4 実施上の特性

　共通した課題が事前に与えられることと、それ故、それぞれにふさわしい、同じ情報を提供されることで、PZ 手法の実施のための新しい追加的特性が生じる。これは、PZ を"どこでも自由に"また"同時に"実施することができることである。それを説明しよう。

どこでも実施できること：課題が事前に与えられることと既に言及した"情報提供"や"対話の組織化"、"課題に依存しない動機付け"などを結びつけると、同じテーマについて、第1に異なった人々によって、第2に異なった場所で、第3に異なった行政レベルで、PZ が実施されることが可能になる。この PZ の特性をここでは"実施の自由性"と名づけよう。これら3つのそれぞれの実施の方向性は、市民参加に新しい地平を拓く。

　異なった人々が PZ に取り組むことは、その問題に全く関係しない陪審員の観点から問題を考えることになる。都市建設、経営の共同決定、市民運動などと異なり、また、全ての参加運動とも異なり、PZ は、特に情報を与えられた非当事者の意見をそれぞれの決定に反映させることができる。

　他の場所でその問題を共に計画することは、計画の成果が、特

---

[29] 例えば、フランソワ・ミッテラン大統領の元政府報道官マックス・ガロは、この無作為抽出の市民グループはその結論において毛沢東の文化大革命における事象を彼に思い出させると述べた。

第3章　参加手法・プラーヌンクスツェレ（PZ）

に、空間を越えた市民参加によってもたらされることを意味する。素人のプランナーは、市民としては近づけないレベルの問題の解決に関わることができる。それで、専門家はそう思わないかもしれないが、より高度な行政レベルへの市民参加が可能になる。

　この種のPZの実施には特別なコストがかかる。ここでは最もコストのかかる例、つまり、他の場所における実施について述べる。

・作業会場への行き来が確保されなければならない。参加者の選択場所や実施は参加者にとって毎日行き来できる距離でなければならない。
・更に遠い場所での実施では、宿泊問題を解決しなければならない。PZはある種の会議の性格を持つ。そのような"計画休暇"の長所、短所がかつて議論された（Dienel 1973, pp. 150）。しかし、この種のPZはこれまで実施されていない。

　しかし、PZの実施の自由性には長所もある。

・"他の場所"における仕事は、まず非日常的な鑑定人の仕事を現実化する。ある場面では、他の場所にいるグループによって近くにいるグループと異なったものになる。例えば、土地所有者とは知り合いでもないし、親戚でもない。ここでは、学校も行かなかったし、買い物もしない。そのような"非当事者性"は、参加者の無作為抽出を通して既に機能している、特殊利益の介入に対する中立性を強化する。他の場所での計画作業は、新しい学習の機会を与え、これまで利用されない仕方で地域を越えたコミュニケーションを起こす。この種の人間の結びつきは、これまで偶発的に体験された（スポーツ大会、イースターの行進、建設現場の占拠などでの）価値が現れるが、これからはPZを通して体系的に利用することができる。

同時に実施できる：PZ の最も興味深い特性は、同時に実施できることである。この課題志向の参加手法は、同じテーマについて同時に、或いは、前後して何度も実施することができる。ひとつの PZ で取り組まれた問題は、同じ形で更にもう一度、また、3 度目、あるいは原理的には何度でも他の PZ に委託される。その際、任務がどのくらいオープンで多様に規定されているか意味がある。少ない代案の可能性に減じられている解決プロセスは、互いに評価し、また量的に作業されうる成果を生み出す。複雑なテーマであれば、競争する建築家グループがひとつの同じ問題を等しいコンペの条件で異なった提案を持って解決しようとするように、多くの PZ が最適な解決を競争することができる。

同時に実施できることで、手法を何度も実施できる。それは PZ の成果の合理性と正当性を高め、何よりも市民として参加する機会を多く作ることができる。

個々の PZ のための無作為抽出が生む、直接的利益介入に対する免疫は、同時に実施することを通してもっと強化される。無作為抽出でも起こりえる偏りは、同時により多くの PZ を実施することで是正される。例えば、工場立地を検討する PZ に偶然何人かの砂糖工場関係者がいる場合、それに対応する PZ が更に 3 つ増えれば、結果は 3 対 1 で終わるだろう。

同様に、不当な外圧はより少なくなるだろう。決定に参加する人数が少なければ少ないほど（議会の委員会）、不当な外圧はより強くなる。同時開催は、ある規模で決定参加者の数を増やし、利害関係者にとって参加者に"圧力を加え"、買収することはもはや意味がなくなる。収賄のない問題解決が可能になる。

しかし何よりも、この手法を同時に実施できることで、現在の政治制度において、新しい参加の可能性を非常に高めることができる。市民的協働に供することができる課題は、多くの人が活動できる、それぞれの望ましい環境の中で取り組まれることが可能になる。

第3章　参加手法・プラーヌンクスツェレ（PZ）

5　グループでの決定

　グループ作業は、始めから"PZの中心的特徴"であった（Brandt 2005, P45）。その通りである。グループは25人の参加者で構成され、話ができるサイズに限定されている。初日の8時間の仕事が終わるとき、参加者は既に知り合いになっている。PZはそのようにして、政治決定における一般参加を目的とした課題志向のグループプロセスの長所を適用したものである。

グループ学習：グループ作業には主張できる長所がある。そこでは個人作業よりもフィードバック、訂正、自己訂正ができる。グループは"学習する"。その際、合理的に証明する見解に向かう、多数意見の均衡が重要になる。審議会、委員会やチームなどグループで考え、決定しようとする場合、同じ人数の、バラバラな個人での決定を考えることもできる。孤立化した個人の、それ相当の数が考慮される。しかし、グループでは決定はよりしやすい。グループの中ではリスクのある決定への傾向が往々にして現れる。つまり、リスクの変動である（Wallach, Kogan, Bem 1962）。これはひとつの危険として示されるだろう。しかし、情報提供された集団では長所として証明される。濃縮された意見交換をし、課題をよく理解することで、孤立化した個人に比べて、より早く決定を促す意見が導き出される。決定に参加するグループは、個人の場合より、行動を制御し、あるいは、長期的影響を参加者にもっと強く与える。幅広い国民自体の"再教育"は、それ故、小グループ構造を通して、例えば、毛沢東の学習グループ運動（"学習"）（Barnett 1971参照）などで試みられてきた。最終的な処理能力に関しては、個人の決定でも、また数多く実施されても、その解決はただ賛否を問うものに縮減され、課題は取り扱われる。それに対して、グループは非常に複雑な課題を克服できる。これらの学習効果や成果の長所が十分実現

図13　5人の小グループごとに課題について議論する

されるためには、ひとつの PZ の参加者は固定されていなければならない。

5人のグループ：これまで述べてきた長所は、PZ の作業プロセスにおいて下位グループに分けられ、もっと大きくなる。PZ では5人の親密な会話状況（5人のグループ）へ常に繰り返し分けられることは、もはや今日では見過ごすことのできない重みを持ち、その結果の質ばかりでなく、政治教育的効果にとっても重要性を持つ。グループへの配分に際して"要求される社会的混合は自然にできないので、組織的にしなければならない"とかつて考えられていた[30]。今日、会議ごとに変わること、つまり、テーマごとに席を変えることが一般的である。ひとつの PZ では、約1時間の小グループが、4日間の合計で延べ50から65できる。その際、ファシリテ

---

[30] Dienel, プラーヌンクスツェレ p. 151

— 110 —

第3章 参加手法・プラーヌンクスツェレ（PZ）

ーターや進行役は入ることができない。参加する"素人"は、彼らだけで事前に与えられた課題に取り組み、しかも熱心に働く[31]。これらのグループの構成は、話し合いごとに入れ替わる。1日の作業コマのそれぞれで他の4人の参加者と出会う。このようにして、他の24人の参加者と互いに知り合うようになる。グループの中にオピニオン・リーダーが現れることはできない。しかし、皆が認める意見はむしろ出てくる。これらは一歩一歩、一定の方向へ発展してくる。つまり、それはより理性的になり、認識できる全体利益に明らかに基づく。

　常に代わる、しかし、高度に集中した、これらの小グループ作業は、PZの独自の成功の秘密であることが分かってきた。参加者はここではいわゆる彼ら自身の利益を貫徹しようとはしない。彼らはむしろ国家の主権者、つまり、"市民"として彼らに与えられた役割と一体化する。彼らに仕事として委ねられている課題は、彼らによって真剣なものとして理解されている。彼らはそれを自分たちに要求し、互いに訂正した。その際、"以前存在しなかったものを生む化学反応のプロセスが現れる。グループの中で交代する関係は、以前は見ることが出来なかった、可能性を自由にする触媒として機能する"（Cohen 1961, p. 102）。人は、明らかに社会全体の利益に基づき、この会話状況の中で合意する。その際、あるPZプロジェクトでは参加者の97%（！）が、その市民鑑定の解決策を彼らの個人的意見として示すことに賛成している。

　PZの意見形成過程における、こうした小グループの作業は、本当に機能的進歩として最近考えられている（Brandt 2005, p. 43）。"小グループは意見交換を可能にする。より大きなグループでは常に意見に対する圧力が見られるが、ここではない。最近、「政治的正しさ（political correctness）」は力を持ち、国全体を白カビのよ

---

[31] しばしば彼らは休憩などを無視する。その代わりに、課題をもっと話すために飲み物を持ってきて、話し合いを続ける。

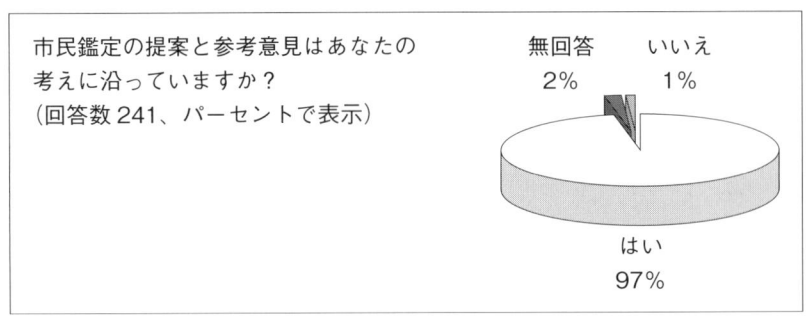

図14　参加者は市民鑑定に合意する

うに覆っているが、25人だけの集まりの中では、特定の課題に対し自分の意見を、自信を持って明確に表明する人はほとんどいない。最大5人のPZの小グループは、作業する際、無作為原則に沿って構成されるので、特定の弁舌さわやかな、或いは、権力意識を持つ素人鑑定人によるオピニオンリーダーの出現は同時に最小化される。"（Brandt 2005, p. 45）。長年のPZの実施の過程でまず、PZにおける5人の自律的に作業する小グループへの分割でどのような実際的、政治的意味が実現するかもっと明確になってきた。

意見の変容：5人のグループに参加する過程で参加者は、既に述べたように、事前に持っていた意見に固執しない。彼には最初に表明した考えを越える機会がいつもある。そして、最近、我々はその結果がどのような方向に向かっているのかも分かっている。つまり、その解決案は、他の参加者の場合もそうであるが、課題に関する討論の中で分かってくる全体の利益によってもっと強く影響されている。一日の話し合いの終わるとき、参加者は鑑定人として他の参加者と共同で下した、全体の幸福を志向する解決案に合意する（16図も参照）。

第3章　参加手法・プラーヌンクスツェレ（PZ）

第2節── PZ の作業プロセス

実施機関：PZ プロジェクトは独立した実施機関を前提としている。それ故、ドイツやその他の国でも、これらの任務を担い、ある課題に取り組む PZ プロジェクトを提供する組織が作られている。実施機関は公的委託者と交渉し、独立的仕事を保証する契約を結ぶ。それが終えると、4日間の PZ プログラムの作成作業が始まる。つまり、素人が与えられた課題に取り組む時に、どのような情報提供が必要か、それを誰が提供できるか、が検討される。専門家やその問題の利害関係者が"円卓会議"で聴取される。それで初めて PZ の情報提供者の選択を決定できる。

　他方、参加者の選択地区も決められ、当該の住民登録課とコンタクトする。そこで参加候補者が無作為抽出され、その後、招待プロセスが始まる。選出された人々に書面で、いくつかのプロジェクトでは電話のみで知らせ、参加を依頼する。場合のよっては、説明する必要がある。個々の"召集された人々"の家庭や職場の義務が明らかにされ、その解決が求められる。

プロセスの進行：しかし、PZ は"外部の"進行役が必要である。通常、有償の2人（男女）が担当する。彼らは教育的に繊細に行動する。例えば、社会的に上手でない人々が新しい役割を引き受けることを援助する。しかし、作業するグループ課題に関するそれぞれの意見表明は留保する。進行役は到着する素人陪審員（参加者）に挨拶し、ほとんどの場合、委託機関の代表者と共に、PZ が正式に始まることを主導する。いくつかのプロジェクトでは参加者証も出された[32]。進行役は外的条件、例えば、部屋、技術的補助手段、評価プロセスを書き出すことなどに責任を持つ。コーヒーブレイクの

---
[32] そのような証明証は、魅力的副次的機能を持つこともできるだろう。例えば、PZ の期間、公共交通が無料になるなど。

— 113 —

準備やそれぞれの課題に重要な資料などを準備するとともに個々の参加者や小グループの質問に時間を取る。

　彼らは作業のプロセスを記録し、PZプロセスの後は、次のプロセスのために、何よりもまた、"市民鑑定"におけるプロセス記録のために、得られた結果をまとめる。最近は、多くのPZプロセスで、参加者がこれらの仕事を一緒にしてきた。

作業段階：PZプログラムは3つの区分で行なわれる。最初に十分準備されなければならない。2番目は標準化されたスキームでPZが実施される。PZの最後は結果のまとめである。それらは市民鑑定として印刷され、公的委託者に提出される。

　最初にコンタクトした後、委託者との詳しい（多くの場合、少し時間のかかる）交渉の中で、独立的実施機関との仕事の内容が決定される。期待できる問題解決案は基本的にPZの役に立つかどうか予想しなければならないが、市民グループが作業できるように仕事が区分されていなければならない。

　仕事状況、必要時間、それに伴う経費が明らかにされた後、契約が結ばれる。しかし、そこにはまた、市民鑑定の提出後1年、その結果を報告する委託者の義務も含まれる。契約後、第1歩が直ちに始まる。

図15　PZの全体プロセス

準備		実施			評価	
1〜3ヶ月目		4〜5ヶ月目			6〜8ヶ月目	
プログラム設計と資料収集		PZ1	PZ3	PZ5	評価準備	委託者に市民鑑定を提出し公表する
参加者の選択	招待状の発送	PZ2	PZ4	PZ6	市民鑑定の編集	次の段階の案内（1年以内の報告など）

＊ PZは、同一期間に2つ開催される。

第3章　参加手法・プラーヌンクスツェレ（PZ）

1　準備段階

　準備期間は3つの異なった仕事を実施しなければならない。つまり、経費に関する取り決め、PZプログラムの設定、参加者の選出と招待である。

　経費の説明：PZにより問題を解決するという歓迎すべき計画は、まず費用なしで考えられる。確かに、参加者にとってPZに参加することは旅行のような性質も持つ。しかし、その課題は公共的なものであり、それに取り組むこの手法は、それ故、公共的機会である。その結果は公共に貢献する。従って、それに関する出費は公共機関の意味ある支出である。元ドイツ連邦大統領ヨハネス・ラウは、そのような再配分に関する考えをとても具体的に語った。"私の印象では、コンサルティング会社の多くの鑑定のために支出されるお金の一部をPZの市民の仕事に使われた方が良いだろう。その成果は利用することができ、実際的で、よりよく実現できることに、私は感銘を受けている"（Rau 2005, p. 50）。このような発言は正しいが、周知のように、それに対応する法律・規則はまだない。それ故、委託を希望する行政との話で、いつもPZについて言われることは、資金繰りについての最初の質問である（"誰がそれを支払うのか？"）。

　しかしながら、PZプロジェクトの費用を賄う道はいつも存在する。それ故、わが国ではこれまで300を越えるPZが実施された。我々は、PZに対する財政負担を一般的に規則化されねばならないとは考えていない。我々が生きている社会はこれまであった中で最も豊かな社会である。2004年、我々が広告だけに支出した金額は300億ユーロであった[33]。紛争や戦争にどれだけお金がかかるか。

---

[33] 情報源：ZAW　ドイツ広告業中央協会

イラク戦争にアメリカは現在約2兆ドル費やしている[34]。"この戦争経費は世界全体の開発途上国援助の10倍に上っている"[35]。紛争を避ける方が安上がりだ。PZは、紛争を避ける手助けができる。お金はある。その配分が問題である。そのために、決定が難しそうに見えるコミュニケーション・合意プロセスにまず取り組まなければない。PZモデルは正にそれを主導するに相応しい。全ては小さなものから始まる。しかし、今日また十分真剣に取り組まれていない、PZを広く知らせる仕事がそこから始まる。それについて（第4章）まず話されなければならない。既に言及した話の中で、元ドイツ連邦大統領ラウ氏はこのことを強調した。彼は、"PZはコミュニケーション問題の前に立っている。"と語り始め、"PZは政治家の代替物でもないし、超行政でもなく、奇妙な遊戯でもないということが、政治、行政に責任ある人々にもっと明らかにならなければならない。それとは全く逆に、PZは政治を助け支持するものである。大きな、又は小さなプロジェクトをよりよく成功させることに協力できるものである。"（Rau 2005, p. 50）と述べている。

プログラムの制作：PZの仕事はあるプログラムに基づかねばならない。その基本はPZの計画に関する契約であらかじめ決められている。しかし、そのプロセスは、既に述べたPZ手法の標準的要素を備えている。委託は4日間で成功裡に成就される。その際、参加者と実施者のために昼食1時間、午前午後に30分ずつのコーヒーブレイクをしっかり計画に入れることは助けになる。毎日約1時間半の作業コマがある。全体プログラムの中に、それぞれ明確なサブテーマを持つ16コマの作業がある。

　この期間、プログラム設計の他に2つの仕事をしなければならない。つまり、情報提供者の選定と必要な情報資料の作成である。

---

[34] taz、2006年2月8日、p. 2
[35] 元世界銀行総裁ヨゼフ・シュティクリッツとハーバード大学予算専門家リンダ・ビルメスはそのように述べている。

第3章　参加手法・プラーヌンクスツェレ（PZ）

図16　日本で考えられるコンパクトPZの2日間モデル

5月28日（土）		5月29日（日）	
8：00～9：00	①オリエンテーションと参加者の最初の意見表明	8：00～9：30	⑦飲食業について
休憩（15分）		休憩（30分）	
9：15～10：15	②体綱的条件	10：00～11：30	⑧市街地形成に関する諸案と費用の概算　市街地形成の案作りⅠ
休憩（15分）			
10：30～11：30	③市役所広場のコンセプト		
昼食（60分）		昼食（60分）	
12：30～14：00	④現地視察	12：30～14：00	⑨市街地形成の案作りⅡ
休憩（30分）		休憩（30分）	
14：30～16：00	⑤利害関係者のワークショックの結果	14：30～15：30	⑩最終評価（振返り）
		15：30～16：00	⑪議会、行政、マスコミとの懇談

＊2つめ目のプラーヌンクスツェレは1時間遅れで開催。

情報提供者の決定：PZにおいて情報提供者は、小グループの作業時ではなく、全体会で説明する。PZでは課題が事前に設定されるので、情報提供者の選定は微妙な仕事になる。通常、プロジェクトに関連する重要な利益代表（アクター）が、作業するPZに情報を提供することができる。プロセスのプログラムにおいて、それぞれの問題に常に2人の情報提供者が異なった視点で短く、しかし、対抗的に説明することで公正さを保証する。情報提供者の選定は、テーマに関連する"円卓会議"を実施することで成功する。準備を通して明らかになった専門家や利害関係者がこの円卓会議に招待される。テーブルを囲んで話すうちに、この中から誰に説明を依頼すべきか大抵の場合すぐ明らかになってくる。PZでの短い説明は有償である。

図17　プラーヌンクスツェレの体系的プロセス

時間	1日目	2日目	3日目	4日目
	テーマ分野1	テーマ分野2	テーマ分野3	総括
8：00～9：30	①ガイダンス	⑤情報提供・討議	⑨情報提供・討議	⑬結果の総括と意見形成1
9：30～10：00	休憩	休憩	休憩	休憩
10：00～11：30	②情報提供・討議	⑥情報提供・討議	⑩情報提供・討議	⑭結果の総括と意見形成2
11：30～12：30	昼食	昼食	昼食	昼食
12：30～14：00	③情報提供・討議	⑦情報提供・討議	⑪情報提供・討議	⑮最終討議と投票
14：00～14：30	休憩	休憩	休憩	休憩
14：30～16：00	④情報提供・討議	⑧情報提供・討議	⑫政治家から意見聴取	⑯手法の評価と終了

資料作成：PZ での作業を軽減し、速め、集中するために、図や文書で示された情報資料が更に必要である。これらの資料の草稿、作成は事前に準備されねばならない。まず、一般的基本情報が大切である。つまり、計画は、該当するレベルでどのような制約を受けているのか。どのような法律、どのような基準が尊重されるべきか。何故そもそも計画されなければならないのか。資金調達はどのように構造化されるか。どのような傾向を尊重すべきか、などである。他方、問題に関係した情報が必要である。つまり、どのように問題の背景を定義できるか、国民政治的、社会的、文化的、財政的、インフラ的な背景などである。この種の情報は、与えられる課題により多様である。最初の種類の情報は他のプロジェクトでも使用できるから、説明はフィルム、音声付スライドショー、ハンドブックなどでもできる。

第3章　参加手法・プラーヌンクスツェレ（PZ）

　現実に即した決定は制限された時間の中で下される。それ故、情報は、評価への移行を見出すことを助けるように提供されねばならない。決定可能な代案を提出するか、場合によっては、追加的に言及された周辺情報から評価できる主要代案が新しく現れるときにのみ、それは果たせるだろう。このため、個々の素人陪審員（一般市民）が、重要な要素、解決案などに関し、その上に書いて意見発表できる紙を用いることが効果的であることがわかった。これらに対する評価はそれぞれシールを貼ることで記録される。いくつかの代案の書かれた用紙の上に、参加者個人がシールを張ることで、個々人の意見が明確に表明される。そのような評価用紙（図18）には署名はされていないが、鑑定人の参加者番号で示されている。そのように表された意見の幅広い量的評価が後に可能になる。特別に取り扱われた提言について、どのようなグループ（性別、社会層、年

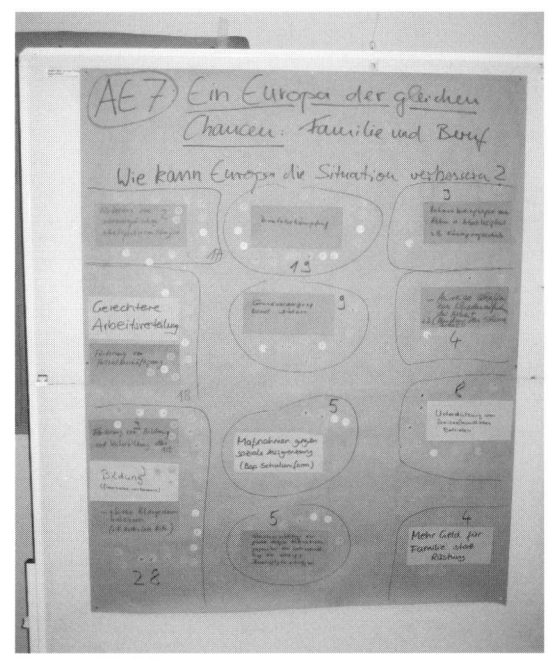

図18　小グループ討議の結果の集約と投票状況

齢など）によってこれらはもたらされたのか、を確実に言うことができることは、市民鑑定を最終的にまとめるために重要である。国際的に異なった国々で同時に実施された市民鑑定でも、こうした手法が同じように使われている。

参加者の選出と招待：契約と情報の他に、PZにはそれに携わり一緒に働く市民、つまり、1つのPZに25人の市民が必要である。その仕事は実施機関によって行われる。参加者の選出はその地域の住民登録課と共に行われる。16歳以上の無作為抽出された人々は、既に設定されたPZプランに参加できる権限を持つことが知らされる。こうした知らせは、ふつう驚きや不信をもって受け止められる。（どこから私の住所を手に入れたの？　一体何を売ろうとしているの？）。連絡された人々は、政治に助言し、直接影響を与えることができると知って、初めてこの計画に参加しようと思う。

　PZの参加者を招待するとき、いつも特定の問題を持つ人々がいた。高収入の人々はしばしば再交渉をしなければならない。小さな子供を持つ両親は自由になるために、子供の世話をする人を見つけ支払わなければならない。十分早い時期に始まれば、招待プロセスは、限られた時間の中で成功する。時には多すぎる人々、つまり、25名を越える人々が申し込み、断らなければならない。

プロジェクトの組織化：PZプロジェクトの運営方法は、最近多くの経験から蓄積されてきた。PZによって正しいと期待される成果がより現実的、効果的であり、何よりもより安く実現できることは、例えば、プロジェクトの組織化を通して実現できる。その中から3つだけ、改良の可能性について簡単に述べる。

・参加する市民にとって旅費がかからないように、PZの開催場所を設定する。
・いつも2つのPZを並行開催する。ひとつのグループは8時に、

第3章　参加手法・プラーヌンクスツェレ（PZ）

もうひとつは9時に始める。この方法で、招待された専門家や利害関係者は1度に2回それぞれのグループで説明できる。
・経費のかかるプログラム準備をよりよく利用できるために、しかし何よりも、取り扱われた解決策の発信力を強めるためにも、同じテーマに最低4つのPZが取り組む。4つのPZのプロジェクトでは同じ解決に常に100人の市民が参加することになる。

2　実施段階

　PZの初日、朝8時、開催場所に参加者が集まると、短い公式的開会式の後、他のこの種のグループ作業ではよく行われる、一般的な"自己紹介"に対して、驚くことに彼らは関心を持たない。むしろすぐ"仕事"にかかりたい。（"我々は何をしましょうか？"）それ故、すぐ最初の5人のグループ作業で始めている。各グループは机の上にその仕事が書かれているのを見つけ、一人がそれを取り読みあげる。こうして、他の最初の4人と次第に知り合う。話し合いでは、取り上げられたPZの課題に関する、参加者のまだ曇らされてない最初の意見がまとめられなければならない。ここで示されたものは、最終的に出された解決策との比較における全体計画の評価の際、全体の意見形成を解釈する際、小さくない意味をしばしば持つ。小グループでの議論は、最初の全体休憩で終わる。それから2番目の作業単位で、また別の人々と新しいサブテーマについて討論し、作業をする。昼食までに8人の参加者と知り合う。専門家から情報提供され、それ故、新しい側面について議論する。夕方になると、ああ初日が終わったな、と安どの気持ちになる。"私は住民として来たが、今はプランナーとして帰る。"

図19　1つの作業コマの構成

20分	10分	45分	10分	5分
情報提供	質疑応答	小グループでの討議	グループ発表	投票

3　実施後の段階

市民鑑定の作成：PZ の仕事は、印刷された報告書、つまり、市民鑑定を発行することで終了する。これは市民の解決提案を示す。成功裡に終了した多くのプロジェクトの経験から、最適に作成されるように、標準化された形式が作られている。委託者（市長、大臣、議長）や実施機関の挨拶の後、従事した人々の氏名と参加した無作為抽出の一般市民の数百の名前の長いリストが掲載される（一度だけ3人の参加者が報告書に名前を掲載されることを断った）。それから、4日間の作業でできた解決案が列挙され、その内容が記述される。市民鑑定の内容は集中的に考慮され、形式化され、文章的に改善されてきた。他の参加者によって各PZから一人ずつ指名された鑑定人の小さなグループと全てのプロセスに従事した進行役は、いつも多くの仕事をする。しかし、いつも非常にやり甲斐のある仕事であった。そうして、市民鑑定は、その結果のためだけでなく、とても驚嘆されるものになる。結果の部分に続いて、PZ のプロセスが書かれる。どのようにして委託が実現したのか？　4日間で注目すべき価値がどのように生まれたのか？　どのように市民に分かるようになったのか？　プロセスで何がもっと改善されるべきだったか？　その他に、ここで文書化されるに値する多くの問題が取り上げられてきた。

市民鑑定の提出：期限通りに出来上がった市民鑑定は、常にお祝いの催しの中で委託者に提出される。それにふさわしい場所（市庁舎、省庁、内閣府）で行われる。この結果は、新聞、テレビなどを通して広く人々に知らされる。提出後、市民への感謝の表れとして小さなパーティが開かれる。最後に参加者全てもまた印刷された市民鑑定を受け取る。市民鑑定の提出の仕方は、このように非常に重要であり、そのためもっと考慮すべきことがある。

第3章　参加手法・プラーヌンクスツェレ（PZ）

図20　ベック州首相に提出

結果報告：プロジェクトが終了して12ヶ月後に更なる報告書を出すことが普通になったのは、そんなに長いことではない。1年後の報告に関して委託者は今日契約締結時に約束する。これらの報告は印刷され、あまり詳しい必要はないが、何よりもPZで出された市民提案の成果が見えるようにしなければならない。つまり、個々の解決された問題を明示し、まだ解決できない問題を挙げ、その理由を明らかにせねばならない。

参加者とのコンタクト：PZに参加したある人は、参加できた、彼らにとって驚くべき出来事について喜んで話す。"私は今78歳で、年取った女性だが、これまで私の町や国に助言者としての必要とされることはなかった"。
　市民社会的意味づけを純粋に感じる気持ちが、このように形成され始めているが、これは本来体系的に利用されるべきだろう。時間

とお金の欠如のために、これまで一度も正しく活性化されなかった可能性が眠っている。我々はいつもまた新しく来る仕事の多さや緊急さのために、これまでPZに参加した人々と再会することができなかった。PZの将来のために、参加者のニュースレターや今日インターネットで実現する可能性を考えることができるだろう。

第4章
プラーヌンクスツェレ（PZ）の効果

　PZで実に多くのことが達成できる。この参加手法の効果は一回実施することではほとんど見ることができないが、これまで注目すべき可能性として多くのことが明らかになって来た。そのような影響の3つの方向性について、まず述べよう。つまり、国家制度に対する影響、参加者個人に対する影響、そして、社会全体に対する影響である。参加者個人に現れる影響が最も注目されるが、ここではまず制度への重要な影響から述べよう。

1　制度に対する重要な効果

　PZプロジェクトの個々の事例では、最終的に現実的な解決策を見出し、国民に受け入れられたことがいつも示されている。全ての人の利益に基づいて問題は解決された！　そのような成果は、計画を立案する行政の中でも影響を及ぼす。行政は新しい種類の手法に希望を感じてきた。市民が、限定された時間の中で委任された問題の現実的解決策を行政に提供するのである。

より良い計画：市民鑑定として提案された方策は、参加者が選出された地区の住民に受け入れられる。というのは、その地域の人間は、実施された手法に納得するからである。疑念を抱いている人々は、PZで意見を聴取され、そこで話す機会を得た。彼らは、一般市民の鑑定人から全体利益の観点から厳しく問われ、それによって時には仮面を剥がされ、もう何も言わなくなった。行政は解決案を得て、それを実現できる。市民参加に寄せられる期待は実現され

た。これらの成果について、2つの点でもう一度簡潔に述べよう。専門家による計画と比較して、こうした市民による計画は、多様な参加者の構成を通して広げられたデータベース（例えば、下層の期待など）から積極的に機能する。

・社会的な副作用を事前にもっと知ることができる。
・これまで把握が難しかった現象を操作できる。人々の異なった思いが、チェックできる公開された形で、計画に取り入れることができる。
・改革する力を高める。それがなければ、"ある課題が明らかになって"初めて解決が考えられる。
・PZは予測的課題に使うことができる。一般市民の鑑定人は多くの情報が与えられるので、我々が5年後に取り組みはじめる条件に、すぐ反応する。
・PZは、機能を弱くする傾向（権限分割、集権化、寡頭化など）を是正する。それがなければ、寡頭制の形成は避けられない。底辺民主主義の組織でも同様である。
・PZはその結果を正統化する。人々は代表されているという気持ちを持ち、そのため、その提案を支持するようになる。
・PZはPZ特有の利己利益を発展させない。市民鑑定人はここではPZの内部でも外部でもキャリアアップの可能性（昇進、再選出）がない。
・PZには高い危機回避の効果がある。今日、社会的発展は災難が起きて初めて起きる。しかし、PZでは危機が起きる前に"学ぶ"。それ故、PZは合理的で、正統性を生み、危機のシグナルを先取りする。

周知の市民参加の手法と比較しても、PZ手法はいくつかのより良い効果がある。

第4章　プラーヌンクスツェレ（PZ）の効果

- PZ の仕事は、問題を具体的事案として扱う。関係がより複雑で、問題が困難であるほど、感情的議論から違いがもっと大きくなる。
- PZ は情報に基づく決定をもたらす。自分たちに関係する利益に反する事実が、他の市民参加手法ではしばしば見落とされる。適切な時間の余裕と解決できる課題に限定することで、PZ は必要かつ詳細な知識を得ることができる。
- PZ は時宜にかなった解決を提出する。スキャンダルや危機を契機にして起こる参加手法は、時期を逸した状態でしか問題に取り組めない。
- 通常の市民参加の動機は、人間の利益・関心に基づいている。それ故、その結果には多くの利益的視点が入っている。PZ はそれに対して中立的な提案を提出する。
- 市民参加はほとんどの場合、具体的地域問題について行なわれる。PZ はもっと高い行政レベルに対しても成果をもたらす。

図 21　異なった背景を持つ人々が共に語り合う

・自律的、自発的に起きる市民参加はその結果を公的に進行する計画の中に入れ込むことが難しい。しかし、PZ は公的プロセスに統合することができる。

現行の政治制度の改善：PZ は、計画案を改善する他、現在ある政治の諸制度（ここでは、行政、議会、選挙、政党、法律、国家）を改善する働きを持つ。

行政：PZ は次の点で行政の効率を高める。

・計画を立案する行政の情報受容度を高める（十分に知られていない国民の価値観を行政は知ることができる）。
・それは広範な視点を見えるようにする。縦割り行政に関心のない市民は、新しい対話の可能性を開く。
・それは計画能力を質的にも（市民は問題の微妙な点をもっと明らかにする）量的にも拡大する（市民は問題と解決策をもっと見つける）。
・それは合理的解決をもっと貫徹できる。
・正統性の欠如のため限界のある計画実施者の機能を向上させる（例：対応する議会を持たない事務組合など）。
・それは"行政"に対決する反対を弱める。専門的プランナーには限界があり、PZ では一般市民の鑑定人が専門的プランナーと対抗し、協働していると人々は感ずるので、理由のない偏見は除去される。

議会：ここでも同じような効果がある。一般市民の鑑定人が協働することは、

・これまで欠如していた中立的情報を議会に提供する。PZ では利益中立の参加形式を通して問題を考えるので、議員や議会にとっ

第4章　プラーヌンクスツェレ（PZ）の効果

て新しい展望が見える。
- 議員にとって、強力な個別的利益との関係を軽減する。よく知られているように、議員には影響力の強い利益団体から情報が与えられるが、PZからの情報は、その情報力を弱めることができる。
- 議会の行政計画への依存を緩和する。PZから提出された解決案は、行政だけからは出てこないもので、議会が決定する際のベースを作る。議会は行政案との比較研究を要求できる。
- 議員の自己理解を規律化する。PZの結果やその率直な存在は、議会に対しチェック効果がある。つまり、議員に合理性・中立性を促す。これは選挙時にはもっと効果を与える。
- 議会制度に対する重大な脅威を緩和する。議会に対して疑いと諦めが現在充満している。PZは、市民の間にある、正当性のある不快感と可能な攻撃性を終了させ、興味深い、秩序だった手法で市民に参加の道を開く。

選挙：選挙に参加する動機については新しく促進させる効果はない。ドイツにおける投票率は比較的高い。しかし、選挙の前には特に、今の政治は社会全体にとって非合理的な決定を下すことが明らかである。選挙時に人々に示されるプレゼントは、予算的裏打ちが全くなく、次世代に重荷を与える。一般市民による計画は、この状況を是正することに適している。

- 係争的問題はPZに任せることができる。これは、社会全体の利益を考えることができる。PZによって、合理的な声が聞かれるようになる。
- PZ手法の参加者は、PZの結果を尊重する準備ができている。
- PZに参加した人々は、選挙民として利益の背景にある理由を聞こうとする。
- 広範な一般市民による計画は、"選挙"の特定のネガティブな副

作用を緩和するだろう。PZ は理性的な政治文化を形成する。

政党：PZ を通して政治運動の領域が拡大されることは、政党にとっても重要である。政党内部における意思形成のプロセスでは、これまで利益的意見と世論調査の結果が重んじられてきた。しかし、PZ は政党に新しい種類のデータを提供し、特定の目的設定において、正当性をさらに与える。

　PZ の参加者が市民活動を継続することはまだ見られていない。しかし、そのように動機付けられた人々は自由に他の活動もするようになるだろう。今日、政党は熱心な市民をますます必要としている。PZ は、特定分野についてもっと知識を持っている人々を政党に仲介することができる。このような展開がたぶん、政党制度の改善への PZ の主要な貢献のひとつである。政党内部の分野で PZ を適用することも最終的には考えられる。政党のメンバーはこの可能性を多分避けられないだろう。

法律と通達：法律の影響に対する批判的監視は、今のところ未開発の分野である。司法関係者の職業的統制はとても限定的であることが証明されている。ルーマン（1972 pp. 288）は、立法過程の分野で、政治的チェックは機能しなくなっているという。これらは簡単に作れない。それにはまだ存在してない前提が必要である。つまり、政治的合理性の新しい形式が、我々の社会の中でどのように具体的に形成されるのか、まだ明らかでない。いわゆる価値観を明確化にするためには、一般市民が解決の中に入らなければならない。死刑、妊娠中絶、或いは、高齢化のための入院における費用限界の設定など、多くの問題を考える際にその明確化が必要である。市民が情報に基づいて協働することで、初めて政治機関は、繊細に統制することができる。しかし、"政治的合理性の条件を基本的に変えることなしに"、それはほとんど作り出せない。

　行政施策に関する批判的反応・観察から言われることは、公共的

第4章　プラーヌンクスツェレ（PZ）の効果

行為の全てのレベルや最終的には憲法における価値や目的に関する議論にも当てはまる。憲法も、できるだけ多くの、情報を与えられ、合理的に判断する人々を秩序正しく組み込むことがなければ、最適に改正されないだろう。トマス・ジェファーソンは、憲法が20年ごとに全面改正されることをかつて夢見た。アメリカ国民全体が、議会でそれについて助言し、選出された国民代表の集会で意見を出すだろう、と[36]。

国家：最後に、"国家"と呼ばれる政治・行政機関の改善と考えられるPZの影響が予見される。

　特定の機能、例えば、内外の安全保障は国家を通してのみ実現されるから、国家は誕生した。この機能を果たすことで、市民は国家を単なる機関以上のものであると思うことが証明された。そのように、国家はそれ自体を明確に示すものをいつも強く必要としている。この必要性は、歴史過程の中で異なったシンボルを通して満たされてきた。マッキャベリの時代に領主の人格で示されたものを今日生み出すことは難しい。もしできたとしても、非常に異なった多くの人々や諸機関によって実現されるだろう。地方紙に載る市長、連邦議会への修学旅行、裁判所の威風堂々とした入り口のホールや選挙戦のイベントとともに、将来PZも、市民にとって国家の明確なシンボルになるだろう。

　国家の中に当然であるべき価値を市民は見たいと希望する。首相、裁判官、又は議員などの象徴的人物は、これらの必要性を快く受け入れる。PZは何よりも我々の国家の民主的基本価値の表明として体験されるだろう。機関を代表する人々の象徴性と異なっているのは、無作為で参加できる権利を認めることである。それ故、PZは人々によって、国家の一部であると思われる。しかし、それは、幸運にも苦労なく到達できる。PZは、国家の象徴的宣言であ

---

[36] Lipscomb 1903, 15章 p. 43

る。新しい小道具・PZ によって、全ての人々が国家にアイデンティティを感じるようになり、この新しい手法で、国家の必要性と感情的正統性を制度的に結びつけることができる。

2　参加者に対する重要な効果

　PZ は個人に影響を与える。それは市民としての活動の可能性を広げる。政治的、教育的にとても重要である学習の場を提供する。PZ は参加者に考えや知識を与え、彼らはそれを日常生活に生かすことができる。最も意味あるものは、最初に述べた作用である。

1) 市民としての"能動的状態（status activus）"を獲得すること：市民は国家的共同体に保護され、世話をされるものだ、と今日では思い込まされている。こうした考えに対して、市民としての"能動的状態"を考えることができる。つまり、公共形成において確かな観点で介入できる可能性であるが、非常に稀にしか実現しない。

　ここではこれまでと異なった計画を考えなければならないが、どのような理想を現在の秩序の中で考えるのか？　市民が特定の考えや態度を持つことで、ある機能を果たすことが期待される。

　全ての権力行使を正統化するのは市民である。公的機関の中で、市民の承認を必要としないものはない。基本法がいうように、全ての権力は国民に由来する。全ての判決は国民の名のもとで行なわれる。

　公的行為の計画を制御するのは市民である。市民の期待は、国家や自治体に起こる全ての計画に注がれる。特に、議会における野党は、それだけではないが、多くの市民の期待に沿って活動する。

　最終的に国家機関全体を統制するのも市民である。例えば、議員を間接的に統制する。しかし、それは選挙への参加や最終的には抵抗権の要求（基本法 20 条）を通して直接的に行なわれる。

第4章　プラーヌンクスツェレ（PZ）の効果

　しかし、この市民の権利がどのように実現されているか実証的に確認しようとすれば、目下のところ、社会的に活動的な少数のエリート、つまり、"職業市民"（"代表制"民主主義）によって行使されていることが明らかになる。彼らは相応する地位を占め、経済的に保障されている。これらの"7つの国家試験を合格したお墨付きプロイセン人"は、既にテオドア・フォンテーネにとって恐るべきものであった。95％のその他の市民は、これまで聴衆の役割に静かに留まっている。政治に対する彼らの本質的貢献は、その政治的無関心である。理想と現実の不一致は問われないままである。こうした見せかけの絶望的状態は、私たちに"罪を負って生きること"を教えて来た。

　それに対して、PZは個人に公共的問題に関わることができる可能性を提供する。（その際、PZのための問題を挙げることは、脇に置くことができる。問題を挙げる可能性は今日既にあるが、全く稀にしか実現しない。というのは、個々人の意識にとってそれは重要でなく、時間をかけるべきものではないと見なされるからである。）素人計画を通して実現する他の可能性、つまり、PZにおける協働は、能動的状態のために重要である。これまで専門家（主に公務員）によって行使されてきた仕事が、ここでは一緒に進行できる。これらの仕事は、現在、標準化された方法で全ての人々によって実現される。つまり、専門的プランナー同様、市民にとっても、取り組むテーマを自分たちで決定することは限定的である。しかし、受け持ったテーマに自分の経験や考えを決定に反映させることが要求される。しかし、通常提供される市民機能と比較して、PZで最も注目されることは、それは社会的に活動的なエリートではなく、市民全てに能動的状態を拡大することである。というのは、参加者は、市民の役割の特殊な実現として、この鑑定人の仕事を理解するからである。

2）政治的社会化：ここではまず始めに、市民に今日期待される機

図22　小グループ以外でも参加者は語り合っている

能について話されなければならない。つまり、市民は民主主義的システムにおいて明らかに中心的役割を担う。しかし、その機能の実現は能力を前提としている。大半の市民は、これを前提として考えられている。つまり、市民は関心を明確化し、全体の長期的利益を考えることができなければならない。市民は、政治システムの分業についての理解やある程度のシステムへの信頼と、最後に、手法に関する最低限の知識がなければならない。

　しかし、どこで、どのように市民はこうした能力や知識を得るのか。組織化された学習プロセスは、組織化されていないものと区別されるが、それは"政治的社会化"を通して訓練されてきた。組織化されない学習プロセスは、家庭、学校、企業など社会全体で広範に生まれる。いたる所で政治システムの保持のために機能する行動様式もまた訓練される。例えば、自律可能な分野で繰り返し協働できることは、この社会化を積極的に促す。

第4章　プラーヌンクスツェレ（PZ）の効果

　そのような社会化の効果を超えて、個人が国家的機能と接することで更に政治的社会化は行われる。例えば、税務署で確定申告や税の調整申請の際、支配されるように行動する。署員は市民の不安を無視し、また、待たせたりするが、それで市民は何を訓練されるか。車の試験場で試運転する時、どのような市民能力を学ぶのか。ここで獲得された印象は夕食時の会話を通して子供たちに更に伝わっていく。警察官に反抗すべきでない。ここでは国家への屈服が訓練される（Glaessen 1969, p. 271）。先に述べた、能動的市民の資格を得るために、市民の大半はほとんど学習する機会がない。それは、例えば、全体の利益の中で考えることができる能力にも当てはまる。"国民が最終的にそれぞれの階級の利益を考えるとすれば、社会の長期的利益は最終的に上層の手の中にあることは全く自然なことである。"（Schnmpeter 1972, p. 234）。上に述べた国家との出会いによって、市民は、政治システムの決定が中立的であると信頼するようにはならない。

　通常、組織化されない学習プロセスの結果はこのような要求を充足しないので、組織化された学習プロセスが補完的に発展する。公的機関の"広報活動"や"政治教育"は、このような欠陥を補おうとする。行政の広報活動は、市民に行政情報についてメディアを通して提供する。政治教育は、学校、団体、政党、メディアや独自の教育機関を通して、要求される行動様式を作り出す組織化された試みである。学校での政治教育は、最近は独自の授業科目として確立された。今日、これらは集中的に実施され、その手段は高度になった。

　それとは別に、既にある能力を繰り返し使うことができる条件が促進される。その際、"近隣関係"や"見通しの利く単位"が考えられる。自治体は、市民の質が最も強く実現できる分野であると考えられている。ここでは"ほとんどの生活をする上で最も重要な決定が下される"（Goeb 1977, p. 99）。市民は決定を共に下すべきである。自治体は"民主主義のための教育の最良の学校"[37]のひとつ

である。

　"自治体民主主義"と"政治教育"の考えは、条件付でのみ機能することが分かる。政治教育は特定の組織の手にある。つまり、政治教育の中でこの実施機関の個別利益が志向される。例えば、政党にふさわしい選挙民や専従員を育てることがそこでは重要になる。その他に、真剣な公共的課題に関し、正式な役割を提供するのではなく、"学校のような状況"の中で、情報は提供される。必要な考えは全く実現しない。他方、既存の影響力が更に強まっている自治体の現実が立ちはだかる。全ての人々に対する社会的関係は、自治体の範囲をはるかに超えている。車社会の進展は近隣社会の同一性を壊す。地元自治体について論ずることはロマンチックになる。インフラの決定は、もっと"上位の行政レベルから"下されることが多い。こうした問題の傾向によって、人々の動機は変化する。メディアが人々の関心の変える。つまり、テレビは高いレベル政治について知らせるが、自治体議会は報道しない。最後に、自治体の財政依存もまた対応する条件の実現を妨げる。

3) **学習過程としてのPZ**："政治教育"や"自治体"など、よく考えられた意図にもかかわらず、市民的態度を形成する上での欠陥は、PZの社会化効果で改善される。この課題を志向するグループプロセスに参加することは、いわゆる態度形成の機能を持つ。参加者は、強い感銘を与える、新しい状況の中に置かれる。この学習環境は次のよう内容を持つ。つまり、社会的に受け入れられる価値を優先し、複雑な問題の解決を考え、特定問題のための包括的情報が提供され、個人が大集団（国家）にアイデンティティを感ずることが、PZを通してできる。

　このような学習効果は、これまで"計量されて"こなかった。しかし、我々の誰もがその経験を互いにチェックし、比較できる。そ

---

[37] ドイツ連邦共和国の民主主義の再生で既にそのように言われた。ドイツ地方自治体規約案、ドイツ都市会議の規約、ブラウンシュヴァイク1947を参照。

第4章 プラーヌンクスツェレ（PZ）の効果

の経験は、以下のような態度が形成されたことを明らかにしている。

　a) 全社会的価値の優先：PZでは社会全体の価値が優先されることは、次の事柄への態度と関係する。つまり、PZの任務設定は全社会的に受容される価値観を触発する。事前に与えられた問題は、個人の参加するグループの中でこの価値が明確に示されなければ、専門的には全く解決されない。（今日緊急なものとして感じられる全ての課題に、そのような価値の実現を強制されるわけではない。例えば、自治的状況において個人の利益を代表することがしばしば許される。）

　相互チェックされるグループの圧力は、社会全体に受容される価値を考慮することを確実にする。というのは、そうでないなら、"私が心配をしなくても何も損害はないと皆は言う。他人がその代わりに心配してくれると。しかし、その結果、それぞれ同じような言い分で、公共的課題は全く無視され、機能しなくなる[38]。" 一般的には肯定されるが、個人の日常には出てくるとは限らない、社会全体を志向する価値観が、小グループの互いに見える枠組みの中では、現実化するチャンスがある。グループが小さいか、または、選別された刺激に依存せず行使できる幸運な状態の場合のみ、参加者はこの目標を実現できる（Olsen 1968, pp. 163）。そのような社会化プロセスの結果をイスラエルのキブツに関する調査の中でも証明できる。そこでは個人利益の代わりに繰り返される協調能力が行使される[39]。

　特定の利益代弁者は、PZでは長くは参加しない。利害関係者は十分に意見を聴取されるが、解決を共に作る権限はない。課題に重要な特別利益の説明も、PZの内部では、ヒヤリングなど、時間が

---

[38] ツキジデス、ペレポネス戦史Ⅰ、p. 141
[39] アメリカとソ連における教育成果に関する比較調査（Bettelheim 1969, Bronfenbrenner 1972, Liegle 1970/72）参照

決められ許可される。

　b）**問題解決の体験**：参加者は、PZ のグループ作業を通して、複雑な問題も解決できると考えるようになる。これらの体験は個人の自信を強める（「やったぞ！」という体験）。それは、政治的日常の中での諦め、無関心、あるいは、過激な解決に感染しやすい機能を弱める。この啓発的効果は、個人的自律を拡張し、人々は複雑な問題をも考えようと決意する。

　しかし、問題を解決することができるという考えは、何よりも、個人において"システムへの信頼"を構築することと一致する。政治システムの自己妨害、その無能力、差別、または、革命待望、あるいは、行政が過重になることは、誰に対しても脅威に転ずるものである。しかし、その社会化の効果は機能しないままである。PZ では、限定された問題に直面してその賛否を決めるわけではない。問題の解決は、一緒に取り組むプロセスを通して実現した決定の合理性に対して一般的な信任を生む。PZ への参加で、我々全てが持つ"社会的楽観主義[40]"が、幼児期に形成された養育状態と比較しうる、システムの信頼へ発展する"原体験の状況"を提供する。

　c）**情報受容への役割強制**：PZ は、社会的問題に関する情報を幅広く受け取る機会を個人に与える。PZ の日程の中で、参加者が、驚くべき速さで情報を高いレベルで受容することは、そのプロセスと、特に、その成果に対し非常に重要な意味を与える。全ての参加者はこれを知っている。ある無作為抽出の鑑定人にとって、"怒涛のような情報"が PZ に参加する前にも入ってくる。かつて PZ に参加した人がこのことを会議で報告した。続く小グループでは、テーマに関する議論になった[41]。しかし、このような情報プロ

---

[40] この概念は Claessens 1972, p. 94 から適用。同様の内容を持つ他の概念は、"論理的楽観主義"（Vaihinger 1924, p. 161）"原・信頼"（Erikson 1957, p. 228）である。
[41]「市民鑑定人として共に働くという手紙での申し入れは、すぐ大きな興味を呼び起

第4章 プラーヌンクスツェレ（PZ）の効果

セスにおける体験は、PZ の仕事が終わった後でも、参加者はそれに関する知識を所有していることを示すことがいつもできる。得られた知識は再利用できる。そのことについて他の仲間や隣人より良く知っているようになる。参加した者は確かによく知っているのだ。この情報を知っていることは、政治行政システムの他の分野にも適用できるだろう。

　d) **国家に対するアイデンティティを持つ**：国家は、その国民がアイデンティティを持つことで存在する。このことは今日、我々の多文化社会の中では一層難しくなっている。特定地域における地縁団体、または、自由消防団がかつて示していたアイデンティティの可能性はもはや十分ではない。しかしまた、今日サッカー・ワールドカップやその他の世界選手権で表出するアイデンティティの波があるが、大集団（国家）の真価やその存在理由を持続することは、非常に限定的に正当化される。国家と同一化する機会が少なくなっていることは、国家によって達成されるべき目標を実現することに対し、結果として影響を与える。市民は、国家に対する自分の考えを変えようとする。それは、過半数の株を持っている株主の関心から少ない株券を持っている投機師の関心へ転換することに似ている。大集団の継続にとって、その担い手が（良かれ悪しかれ）それに長期的に繋がっているか、短期的消費者の関心を通してその保持を命ずるかは、決定的に違う。引用した株の例以上に、否定的影響をここでは強く与える。地域や国家の市民であることより、株は早く売買されるからである。

　短期間の体験を提供する PZ は、共に働く無作為抽出された一般市民によって、委託した大集団への疑いのないアイデンティティと

こします。市民として意見を表明できるだろうということに私は喜び驚きました。私は夫と共にこの時点でノイマルクトをしっかりと見てきました。そこの建物の構造や個人商店、交通などに注意しました。また、家族の中で活発に意見交換もしました」とハンブルガー・ロス・ライスさんは語っている（2005, p. 38）。

して、実現される。

　参加者は"プロジェクト"に引き続き取り組もうとする。ある参加した市民たちは、PZ での仕事が終わった後、共に作った計画やその結果を報告するホームページを作った。"3年後、我々がまだいるということを忘れてはいけない。ノイマルクトは今なお政治のテーマである。最近、ヤンケさんはかつての市民鑑定人として、ノイマルクトをテーマにした市民団体である運営委員会に参加している。これは私たちにとって大きな成果である。そこで我々の提案は再び思い出させることができる"（Dienel 2005a, p. 39）。

3　社会的に重要な効果

　社会的革新である PZ の、より興味深い影響は、将来のもっと進んだ段階で一層見ることができるだろう。現在の状況だけに限ってみると、ここで述べることは少しユートピア的と思われるかもしれない。しかし、草の種で満たされた袋は、それはまだ草ではないと非難を受けなければならない。

　政治は長期的考えへ解放されなければならない。"伝統的なロビー活動や政治エリートは、通常2歩遅い"といわれるように、政治は機能する。"多元化について話され、討議が促され、同時に、市民の多層な創造性を実現し、伝統的な機関に対して影響を与える市民社会的手法の拡大がもっと必要である。PZ はそのような手法である"（Lietzmann 2005, p. 81）。

4　長期的な効果

　PZ の特定の影響は、ここで"長期的影響"と呼ばれる。PZ が数多く実施される、より大きな環境の中で、この参加手法の特別な影響は現れるだろう。長期的影響は、PZ が大規模に頻繁に実践されることを前提とする。

第4章　プラーヌンクスツェレ（PZ）の効果

1) 制御システムの機能的補完：PZは政治的制御システムの諸機関を改革する新しい可能性を拓く。公的委託者は、政治的制御システムの改革自体をPZのテーマにすることもできる。既に自治体や行政改革に関するPZは何度も成功裡に実施された。その他、市民鑑定人はPZを民主主義的入門として体験する。長期的研究は、継続的に高いレベルで動機付けられることは民主主義を更に発展させることを示している。彼らは古代ギリシャの「重装歩兵団」になる。

2) 紛争予防の提案：しかし、PZの社会的多様性は参加者個人の人生において更に影響を及ぼす。グループに持ち込まれる出身や地位の多様性（図23）によって、個人は他者の知識や価値観を知ったり、推し量ったりすることを学び、或いは、むしろ取り入れようとさえする。休憩のときや5人での作業グループの中でも、個人的強い出会いがいかにあるか、我々は当初見過ごしていた。そのことは特に、一度も出会うことのなかっただろう年齢グループや社会層、出身からの参加者に見られる。PZは体験休暇のようである。そのことについてもっと長く話すことができるが、その重要さは、社会的統合の新たな問題に今日直面してだけではない。

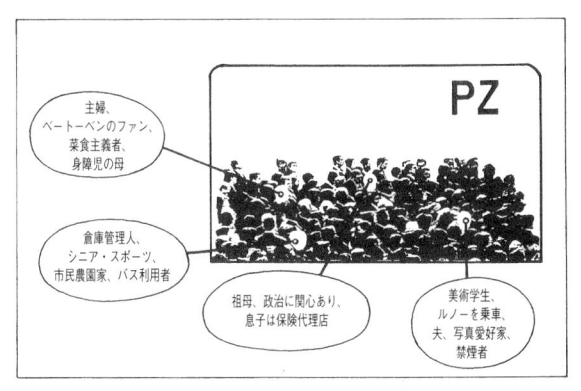

図23　グループに含まれる社会的地位の多様性

このような紛争予防の案は、個人が多かれ少なかれ意識する紛争に関してだけではない。もっと重要な、場所を越える大きな紛争に関してでもそうである。第1章で図示した高速道路建設はそのような大紛争の事例である。それは、スペイン・バスク地方のテロ地域での高速道路計画であった。当初の計画では、工事機械は燃やされ、死者さえも出た。その区間に沿った村々で 16 の PZ が実施され、全く静かな中で実現でき、結果を出すことができた。

3) 雇用システムの軽減：人間性の発展の過程において、異なった社会的"部分システムは、意味のあるものと解釈された時間の使い方"として形成されてきた。戦争の指揮、収穫のための労働、修道院の生活、これらは異なった時代で多かれ少なかれ大きな意味を持ったし、また、持っている。近年、例えば、レジャーの分野が非常に拡大した。職業生活の中で"バケーション"は確固とした地位を築いている。この分野では、旅行会社、飛行場、徒歩旅行、海水浴場など数十億の市場が形成されている。家族旅行の他に、ここではまた消費の拡大が時間の消費に貢献している。私の住む、信仰の厚い町ヴパタールでは、役所に届けられた売春宿が 25 軒ある。ラスベガスでは、"アコードで毎日毎日1万5000人の女性、娘がストリップを踊っている。"このまだ歴史の浅い、砂漠の町（罪の町）では、世界で最も大きな 20 のホテルの内 18 が営業し、満杯になり、更に建設が予定されている（Heine 2005）。現代社会において"レジャー、バカンス"という部分システムが急速に拡大している。

　我々のところでは、今日、雇用制度が公的議論の俎上に上っている。この社会的部分システムにおいて今日深刻な問題の兆候が表れている。"労働"に対する需要は後退し、失業が何年にわたって中心的問題になっている。この分野の学者は、比較的無力のように見える。ヴパタール大学の研究所では、このジレンマの漸次的解決に関し、市民参加手法 PZ の大規模な実施が2つの肯定的要素をもたらすことができるだろうと示唆した（Dienel 2006a）。

第4章　プラーヌンクスツェレ（PZ）の効果

　まず、これに関する重要な問題に取り組むPZは、反対にあいまいながらも社会の危機状態を一歩一歩正常化するための、具体的で何より実現可能な提案を関係機関に提出するだろう。

　更に、PZの実施は、また我々の社会の雇用システムから、一時的に、或いは、継続して労働力を取り上げる。ドイツの諸州で毎年4万のPZが実施されると、4500人の雇用が生まれなければならない。これらのPZの実施のために必要な機関は、約3500人の職場を必要とし、参加する一般市民がPZで働くために欠如する労働時間を合計すると、1000人の新しい雇用が満たされなければならないからである。

4）新しい個人的アイデンティティ：社会的存在としての人間は、他者との相互関係で自分を見出す。個人的自律を構成することとその"個性"が個人化することは、自分と向かい合っている他者によってできる。個人にそのアイデンティティを仲介する、この社会的関係は、今日転換されつつある。この枠組みを支配する基礎であった"大家族"は、かつて持っていた本質的な意味を失った。教育や経営の分野が部分的に意味を持ってきた。夫婦という制度は重要性を失って来た。接触の貯蔵庫としての可能性を持つ機関である"国家"は、匿名の"安全網"であり、大組織であり、"メディア"を通して時間を消費する環境の中で、こうした国家の機能が見えてきた。若者の作る共同体やヨガの場が、家族などの代替物になっている。

　このような状況の中、個人はどこで連帯的関係を見出すのか、明らかでない。この連帯的関係は最終的には、世界の諸国民に生きるに値する将来を保障する意味をあたえるだろう。

　見ることのできる存在と一般市民の地位に対する大規模な要求は、この分野でも影響を持つことができるだろう。人生の中で共同体の仕事にもっと頻繁に何らか関わること、公共的課題を身近に体験すること、期限のあるグループの状態に"帰郷すること"は、独

特の影響を大きく与えるだろう。個人にとって不合理な存在と映る国家との肯定的な基本的体験は、この大集団に対する彼の関係に対してだけでなく、政党への忠誠心、役人の倫理、国民としての信念、或いは、古典的な愛国心を超えて意味がある。PZ で偶然、しかし、規則的に作られる小グループの状況は、それぞれの個人的アイデンティティを形成する上で、新しいきっかけを与えるだろう。この状況を完全に実施し、蓄積することは、"これからの数十年の重荷に耐えられる自己自身を個人に可能にするシンボル的意味世界を形成することができるだろう。"

　PZ のこの種の効果に言及することは、ここでは適切に取り扱うことができない理論的分野へ導く。しかし、ここでは問題提起であったとしても出されなければならない。つまり、この問題は、来るべき将来により大きな注目を受けるだろう。

第5章

プラーヌンクスツェレ（PZ）の適用とその展望

1 適用の可能性

1）PZの実施レベル：新しい参加手法であるPZの意味ある実践の可能性対して、既に今日見ることができる。しかし、ここで全てを紹介し議論することは望めない。そこで限定した形で述べよう。その際、自治体や地域での実施レベルに対して、その適用の可能性は既に数多く考えられ、また実践されてきた。それ故、ここで我々は国家的、国際的レベルでの実施を考え、将来を展望することが大切である。このような見通しは例示にすぎない。ここで考えられる豊富な適用の可能性は、我々の紹介の枠組みを超えてしまう。それ故、国家的レベルに対して、イングランドで出版された考えに限定して行なう。

a）国家レベル：イングランドでは全ての成人の約70％が、毎週、"国民的宝くじ"を買う。これはいつも投票率と同じくらいである。開始後1年で、イングランドの数百万の家庭では土曜日の夜、宝くじの結果を追うことが習慣になった[42]。宝くじの年間売り上げは約50億ポンド近くである。配当される利益の他に、収入の一部は、NLDF（国営宝くじ配布財団）が、5つの公益的目的の促進のために使うことができる。

　この配分に人々は参加すべきだという考えがある。ドイツにおけるPZの経験を何度も参照し、このために参加手法PZを実施する

---

[42] McCormick/E.Kendall 1995, p. 4

ことが提案されている。イングランドの12地域それぞれで1つのPZが実施され、参加した市民には、その提案を理由付ける機会が与えられる。それに続いて、イングランド全体を対象としたPZが、12地域グループの提案をまとめるべきだという。

　b）**国際レベル**：我々にとって重要な多くの決定は、国家レベルで下されるのではない。多くの場合、我々は感ずることも全くなく、意思形成の秩序を超えて事前に形成され、或いは、法的拘束力を持つ形で決定される。我々に最も関係する重要な決定者は、ヨーロッパ連合（EU）である。それ故、ここでは国際分野におけるPZ適用の例として、EUでの場合を紹介しよう。

　ひとつの憲章で規定されるヨーロッパの諸問題は、多様であり逼迫している。しかし、我々が更に発展するために、これらは非常に重要である。ヨーロッパにとって差し迫った不可欠な問題解決についてヨーロッパ市民が合意することは、ここでは決定的に貢献するだろう。そのような合意は、参加の革新的手法であるPZを用い作られ、公式に発表される。

　例：25の加盟国において、例えば、合計4000の無作為抽出された人々が、有償で1万6000日間働き、与えられた課題について情報を得ながら、グループの話し合いで解決策を合意できるようにする。その際、人口規模にそって5カ国はそれぞれ4つ、10カ国は6つ、他の10カ国は8つのPZを実施する。異なった母国語にもかかわらず、それらの結果は互いに評価でき、それ故、委託者であるEUにひとつの市民鑑定として提出できる。PZ手法はこれまで成功裏に実践されてきた。これまで8000人以上の人々（一般市民陪審員）が自治体レベル、地域レベルの公共的決定の準備に従事して来た。彼らの協働により、実行可能な結果が事前に見える形で出てくる。つまり、交代しながら話し合うグループにおいて合意するその提案は、理性的で専門的に適切であり、何よりも全体の利益、つまり、社会で知るうる最善なものに明らかに基づいて出される。"政治"がそのように簡単に実現できる案を見出すことはない。

第5章　プラーヌンクスツェレ（PZ）の適用とその展望

　ヨーロッパ市民が信頼できる方法で EU 政策の形成や正統化に参加できる国民投票的試みよりも、PZ を大規模に実践することは明らかに優れている。少し前に言及した、いわゆる市民フォーラムが実現しても、PZ と比較し、あまり効果的ではなく安上がりでもない。参加する団体や市民運動を限定することは、PZ における参加者の無作為抽出では起きない、紛争解決のための時間的、物理的コストがかかるようになる。PZ は、成果が大きいだけではなく、より迅速に問題なく、成果を出すことができる。

　PZ 手法の斬新さは、そのような大規模なものから始めず、小さなプロジェクトから始めることも可能だということである。例えば、3 カ国で 6 つの PZ をすることもでき、その場合、40 万ユーロ（大プロジェクトでは 430 万ユーロ）の経費がかかる。一般市民の革新的活動の注目すべき貢献を、我々の経験から確かに信じることができる。つまり、そのセンセーショナルな成果は、ヨーロッパ全

図24　ブタペストにおけるヨーロッパの将来に関する PZ

体で注目され、人々によって受け入れられる。政治的責任者は、市民提案を受け、政策に反映することができる。成果から見れば、このプロジェクトはとても安い。

　ヨーロッパ・レベルでは、まずゆっくりと一歩ずつ、ひとつの市民参加の可能性として実現される。この方向での最初の試みは、既に始まっている。つまり、EU委員会は、25カ国の住民がEUに身近になるような計画に着手した。このプロジェクトに関係して、委員会は、このレベルでも彼らが弱点と認識し、また取るべき対策に関する案を市民が出すことがが、重要であると現在思っている。そのように問題の集積するヨーロッパと協働することが、参加手法PZに期待された。それ故、ブリュッセルからEUによって資金が提供された4つのPZが実施され、成功裡に終わった。2つのPZはドイツ（ベルリン）で、他の2つはハンガリー（ブタペスト）で実施された。それぞれの言語で、しかし、同じテーマとプログラムで行なわれた。それぞれの結果と特にその解決案は、それ故、比較することができる。これらはまとめられ、ブリュッセルで"ヨーロッパに関する市民鑑定"として提出された。

2) **実施の組織**：PZは非常に幅広い準備が必要で、比較的コストのかかるものとして紹介されている。しかし近い将来、この手法が繰り返し実施されると、準備の多くは既に制度化されたものとして提供されるだろう。それらは、本質的に限られたコストで利用される。PZを考案した時から既に、参加庁[43]の創設について比較的立ち入った提案をしてきた。

3) **テーマ選択**：通常、政治制度の諸機関は、全体にとって意味あると思われる課題の多くに対してそれぞれ決定を下す。しかし、その決定は、関係機関の個別利益と結合している。他の参加手法で

---

[43] Dienel 2002, pp. 154-158 に詳述。

第5章 プラーヌンクスツェレ（PZ）の適用とその展望

は、その手法に付随する利害関係、例えば、ある市民運動とともに一緒に持ち込まれた利害・関心と同じテーマが問題なく設定される。しかし、PZ のテーマは事前に設定される。既にあるたくさんの可能性の中から選択されなければならない。テーマの事前設定は、ある面では新しい問題を生じさせる。例えば、操作性の疑いをかけられる。手法の採用段階では、それぞれの資金を提供する委託者が重要に思うものが PZ のテーマになることは仕方がないと思われる。しかし長期的には、個々の利益や集団の利益から独立し、目的に沿ったテーマを設定する必要性が視野に入るだろう。PZ のテーマ設定は、チェックされない影響を明らかに排除し、保証されなければならない。テーマ選択にあれこれ結びついた多くの疑問は、既に別のところで取り扱い、解決案を提示している。その際、特に選択基準と共に、可能な将来展望を持った選択手続も重要である（Dienel 2002, pp. 160-171）。

2 ブレーキのかかった発展

　PZ モデルの拡大に明らかに関係する、その遅滞について話すために、我々はもう一度、この参加手法が提供されている社会的状況を考えなければならない。"もっと多くの人々が政治や国家から目をそむけるようになっている。この 10 年間、政治に背を向けることがもっと感じられるようになり、そのため、我々の政治的共同体に市民が再びより強く近づく道を我々は見つけなければならない"（Rau 2005）。元連邦大統領のこの言葉はこの状況を示している。重要、かつ、もっと真剣に考えるべき任務が問題となっている。

　PZ を実践する提案が、目下のところ、なお比較的小さな反響しかないことは、一層残念なことである。ヴパタールの研究所では、PZ 開発の初期、この遅滞、傍観、新しい可能性に対する無視は、はっきりしない財政状況に原因があるのだろうと考えていた。この新しい手法にはお金がかかる。しかも少なくない。しかし、全てに

お金がかかるし、明らかに非合理な改革に多くの場合もっと投資している。

　新しい参加の可能性を試み、前に進もうと始めた時、少しずつこの抵抗の本当の原因が明らかになった。PZ 案は、行政、政党、議会の関係者に、多かれ少なかれ無意識の内に不安をかきたてた。"職業市民"は、PZ が自分たちに対抗しているようにショックを受けた。これらのショックのため、その認識力は停滞したままである。PZ は、話題にも上らず、言及されもしなかった。ただ、具体的に PZ プロジェクトが実施された現場では、地元のメディアに新しい手法を伝える記事や写真が掲載された。それに対して、地域を越えたメディアは、例外はあるものの、政治的状況に従って黙したままであった。しかし、これらの沈黙は、時には PZ に対してむしろ攻撃的拒絶に急変することができる。例えば、既に述べたように、フランスの大統領候補であったロワイヤル女史が、議員をチェックするために PZ を実施するという考えを出した時である。この提起の直接的な結果は、政治、行政、メディアの側から非難の声が上がる拒絶であった。つまり、このように一般市民を広範に引き込むことは毛沢東主義である、と。

　そのような政治の不安には理由があるかどうかを人は問うことが当然できる。欧州議会の議員であるヨー・ライネン（Leinen 2005）やドイツ連邦議会議員であるコッホ・メーリン（Koch-Mehrin 2005）は、印象的にそのことを語っている。しかし、事実、"政治機関やその関係者によって無意識に行使される情報を阻害する機能"を明らかに見ることができる。政治に従事する人々は、通常、革新的 PZ に対して躊躇し、距離をとる態度を示すことに注意しなければならない。"市民社会的な政治的助言が延期され、遅滞することに対して責任があり、結局、妨害しようとする"（Dienel 2005, p. 99）。

　行政や政党トップの"職業市民"が背を向けることは、社会の他の部分に対しても影響を与える。これまでメディアが革新的 PZ

第5章　プラーヌンクスツェレ（PZ）の適用とその展望

にほとんど関心を向けなかったことは既に述べた。関係する学問分野も同様である。見ることの出来る"現実"を絶え間なく考察すべき任務を持つ学問も、PZのような願望表明（構想）は実現できないし、それ故、議論に値しないと現在のところ考えている。学者はそのようにして、控えめな方法であったとしても、自分を守るための闘いに縛り付けられている。ここで起こっている、日々可能な利益を社会に与えず、避けることのできるコストを作り出している。学問自体にとって、このように頑固に無視することがチャンスだと考えている。PZを博士論文のテーマにし、研究機関を創設し、就職先を提供することができる。このような学問の状況について、"直接民主主義"をテーマにした「政治・現代史から」[44]の特集号がその証拠を示している。そこでは5人の関係する学者が、いわゆる直接民主主義的な、今日注目される手法に言及している。しかし、ここで紹介している参加手法PZのような、将来のために進めている直接民主主義の手法について、全く言及されず、議論もされていない。

　このブレーキのかかった状況から、参加手法PZを更に発展させるために、重要な結論が出せるだろうか。どのような社会でも、決定を下した後、それを守らなければならない。平和的に共生することは、それをもたらす制度を前提にしている。このことは社会的に新しいことが起きる場合も全く同じである。新しいものを受容し、それを発展させる場合も、当たり前だと思われる。1867年エンジニアであるニコラウス・オットーは4サイクル発動機を発明した。馬の取り扱い業者や蹄鉄工など特定の職業団体から絶えず妨害されたにもかかわらず、このモデルはまもなく実現した。今日何百万の人々が車を運転し、車の生産、修理、廃棄は独自の膨大な雇用分野を形成している。エンジニア、オットー・リリエンタールは、自然を観察し、鳥に似た構造物を道楽として制作した。最初に短くだっ

---

[44]「Aus Politik und Zeitgeschichte」週間雑誌「議会」の付録号（2006年10号）"直接民主主義"（2006年3月6日）

たが、彼はそれで遂に飛び始めた（図25）。しかし、1896年夏、これを試みた時、墜落し、彼は死んだ。飛行する機械は、こうしておよそ120年前にできたものである。飛行機はもう少し後である。ライト兄弟は1903年、最初の飛行を行なった。この飛行は約100年前である。今日、飛行場の搭乗口に私たちは長蛇の列をなしている。なぜなら、そこには多くの往来があるからである。

図25　飛び立つオットー・リリエンタール

　参加手法PZの導入においては少し違う。この発展の一歩は、決定機関自体における不安を喚起する。そのため、今度はオットー氏やリリエンタール氏の場合と異なっている。決定システムで地位を持っている人々は脅かされていると感じている。それ故、PZは拡大しない。そこでは何が助けになるのか。どちらにせよ、現存の制度を過激に廃する事ではない。ティノ・リークの構想[45]は魅力的に

---

[45] リーク（2004）の著書の論争的タイトルは"ヘルゴラント島への追放－政治家なしで豊かに、幸せに"である。

第5章 プラーヌンクスツェレ（PZ）の適用とその展望

描かれているが、現実的ではない。しかし、にもかかわらず、それは政治的状況を示すものである。政治的諸機関は必要である。それは、健康、交通、福祉、防衛などの費用を認可し、諸機関のための出費も決定している。しかし、この際立った"体験の質を持つ余暇分野"（PZ）を許可することに不安がある。制度における自分たちの地位や存在を低下させる影響を与えるだろうと思っている。しかし、市民鑑定・PZのプロジェクトを運営することは、同じように実施機関を必要とする。それについてすぐ述べなければならないが、PZは急速に拡大し、長い目では機関化されるだろう。

　何ができ、そこで何をすべきか。元連邦大統領ヨハネス・ラウは、PZをテーマにした会議において、その可能性を非常に明確に語った。彼の演説のタイトルは、"プラーヌンクスツェレはコミュニケーション問題に遭遇している！"である（Rau 2005）。しかし、この問題はどのように解かれるべきだろうか。どのようにして、圧迫する沈黙の結合を解放できるか。私は議員、政治代表に話しかけるべきか。PZを選挙のテーマとすべきだろうか。役人や政党職員のための講座を提供すべきか。最も意味のあることは、政治教育の中に入り、それを通して学校、大学だけでなく、市民に広く呼びかけることだと思われる。

3　より広範な現実化への段階的シナリオ

公的実施機関の設置：政治・行政の実践におけるPZモデルの採用は、偶然に任せられるべきではない。公的実施機関の設置を目指されなければならない。権利や道路の街灯、きれいな空気、あるいは、国土防衛と同じように、市民たることを可能にすることは共同体の仕事である。私の著書には、"参加庁の創設を夢見ている"[46]と書かれている。そうすれば、毎年何百万の人々が市民の役割を担う

---

[46] デーンハルト、ヴェルナー："良い国民感覚"（シュピーゲル、1995年20号、pp. 44-54）の p. 45 参照

ことを可能にするだろう。

標準化：こうした発展において、モデルの標準化を前提とする。政治システムにおいて、この参加手法を大規模に実施することは、それによって可能になる。実施する際、そのための２つの構造的条件が必要である。第１は、異なったレベルに関するものである。つまり、異なった行政レベルにおける参加の可能性を拓くことである。そのためには、自治体、州、連邦、そして国際的レベルという異なった状況の中で、それぞれ資金を準備しなければならない。２番目は、課題分野に基づく違いである。環境、社会統合、予算立案への参加、グロバリゼーションから生じる問題など、異なった時点で現出する多くの分野がある。そうした各分野の課題に取り組むPZのための資金を準備する必要がある。

現実化の段階：まず始めに明るい展開がある。ヴパタールの研究所とともに数多く一緒に活動してきた機関や個人がプロジェクトの委託を受け始めた。しかし、目的を持って発展してきたPZのプログラム設計の個別箇所が、他の実施機関によっていい加減にされていることが目に付く。そこで、PZの良い成果や比較可能性を保証し、同時にモデルの合理的更新を保証するために、ヴパタールの研究所の元同僚は、PZプロジェクトの学問的検証を提供するCitCon（市民コンサルト）と市民鑑定のための機関を創設した。

　しかし、異なった形で更に発展することには、２つの有利な点がある。つまり、実施機関はそれぞれ特定分野を専門化できる。今日、各分野における専門化は期待されている。単に"市民鑑定"を出すだけでは十分でない。２番目に、異なった展開は、PZの実施に反対するレベル別、分野別の抵抗に対処することができる。

　しかし、これらの有利な点は当分のことだろう。市民の能動的活動を可能にする際、中心的に公的委託が重要である。裁判、消防、あるいは、道路交通などがこれまで制度化されてきたと同じよう

に、PZ委託の制度化が実現され、PZの実施が許可されなければならない。PZの公的委託がまもなく中央官庁によって実現するか、この政治諮問にまず公的資金が提供されるか、重要なレベル（自治体、地域、EU）に分離して召集されうるかは、法律家がなお取り組むべき課題である。ヨーロッパの発展の中でまず機関を作ることも可能である。そこで、計画の実施に市民を参加させることを目指し、また、異なった地域的で実施することも可能である。この新しい機能分野の秩序は、どちらにせよ長期的には公的機関が作るべきものである。

第6章
プラーヌンクスツェレは前進する

1 発展には共に考える市民が必要である

　そういう市民はそこにいるのだ！　かつてPZに参加した人々の間に、この国の主人であるとは一体どういうことか、そこで自分は何かができるという理解が広まっている。諮問された具体的任務に集中して他の参加者とともに一緒に取り組んだ後、このような仕方で何か変えられる場所が心に更に浮かぶようになる。しかしまた、参加者は、革新的PZやその結果を、既に聞いたかどうか、他人に話しかける。この共に考える市民は、これまで現れたものと全く異なり、彼ら自身が参加するようになる。

　例えば、"ドア・ノッキング"のように組織化されるだろう。イギリスには市民的抗議形式（いわゆる"ドア・ノッキング"）がある。そこでは、熱心な普通の市民が家々を訪れ、ベルを押し、自己紹介し、チラシを手渡す。チラシには、何故そのようなことを一緒にやっているのかが書かれている。"PZを通した市民の可能性"の願いもまた仲介され、組織化されるだろう。PZの終了時のプログラムで、25名の一般市民の鑑定人自身が、PZのメッセージをもっと広めることに貢献できることについて、何故オープンに話せないだろうか。これまでは、彼らはただ単純に、この4日間に何を一緒にしたのかを報告し、そして、それに対する質問に応えるだけでよかった。

　確かに我々は共に考える市民を必要としている。しかし、このような宣言はまだ十分ではない。この実施は、体系的でなければなら

ないだろうし、方法を見つけ出さなければならない。しかし、どのようにして？

図26　多くの小グループが並行して提案を作る

2　多くの人に知ってもらうこと

　友人に機会を見て、この参加手法について説明しようとするPZの参加者は数名に止まる事はできない。我々の社会を更に発展させるために、まだ無視されているイノベーションであるPZはとても重要である。どのようにして、それは始まるのか。方法がある。

・**みんなの中に入ること**：マーケティングとメディアの技術を使う。これまでこうしたことはあまりされてこなかったし、体系的にも取り組まれなかった。また、イベントを開催すること。ここ

第6章　プラーヌンクスツェレは前進する

には契約を渇望する多くの会社がくる。インターネットにおいてPZはこれまで十分には紹介されていない。
・**政治のトップと個人的に話すこと**：彼らは"時間がない"が、時間の都合は付く。
・**しかし何よりも**：政治に直接関係しない団体に働きかけること。これらのグループは、"PZ"の新規さを排除する関心がなく、むしろ、新鮮に、彼らにとって興味深いテーマが必要だと感じる。

　PZと否定的関係にない、目標とすべき団体の例として、ここでは、学校、教会、健康保険組合や被雇用者組織などを挙げよう。ここで従事している人々は、資金があり、特定の人々を対象とし、常に、彼らと繰り返し話し、或いは、彼らに報告している。多分彼らは、この状況の中で喫緊のテーマを喜ぶだろう。それらのテーマは、論争的に紹介でき、討論を喚起し、更に我々の社会に貢献する。
　学校分野では、政治教育のニーズが際立って増えている。しかし、"教育"制度の中で、"政治教育"が国家的に何百万も実践されているが、社会の制御機構の背景にある問題は解決されない。しかし、例えば、講演や宿題を通して"PZ手法の長所、短所"を話すことで、授業では理想的な可能性が提供される。そのかぎりで、PZは"政治教育"のテーマでありえるだろう。教材を作り、学校関係の出版社や新聞社の編集部に話すだろう。生徒の自主管理の機関は、新しい参加手法PZに関する情報に感謝するかもしれない。学校にとって考えられるものは、大学の分野でも同じである。
　宗教的に組織された団体や機関では、原理的に、福祉的、社会的、危機状況を助ける用意がある。また、そのように実践されるべきだろう。これは、しばしば宗教団体の"硬直していない"部分に特に当てはまる。彼らは、経典の文節一つ一つの意味やイスラム教で問題になっているビジャブの是非、或いは、司祭の名誉などでもはや争うのではなく、人間の生活や彼らの"隣人"をいかに重荷か

ら解放できるかを探す可能性に時間とエネルギーを投入する。個人でもそうであるが、団体全体でもそうである。つまり、彼らは、マイノリティや教派として、自分達は正常なものと認めさせるだけでなく、反対に抗して新しく助けになる考えを発展させることができる。例えば、ドイツからアメリカやロシアに移住したバプテスト派は、かの地の社会と民主主義の発展に与えた影響を通して証明される。"永遠のもの"を解決するのではなく、"今日の問題"を解決するのである。

このため、まず、プロテスタントの人的ネットワークに向けて、参加のイノベーションPZについて情報を与え、広めるための協力を求める文書は、既に部分的に作られた（Dienel 2000, 2006b）。この人間関係を集中的に拡張する必要があり、また、それは可能である。

私が病院に数週間入院した時、PZイノベーションに関心持つ人々が保健分野でも働いていることが分かった。これは体系的にすぐさま実施できるように努力することが必要である。

労働組合は、社会改革を多く試み、独自の長い伝統を持つ。それをもっと進めるべきであろう。"長期的考えへ政治を解放すること"[47]が問題である。被雇用者の代表は、平等の実現にとって国家の役割がいかに重要であるか明らかであると考えている。それを断念すべきではなく、むしろ、PZの新しい可能性について、この助言的手法を、地域の中で、或いはそれを越えて可能になることを、もっと組合内部や広く他者に宣伝すべきである。

3 国際的反応

刺激的な新しい種類の手法PZは、他の国々でも評判になっている。最初に実施されたのは、私が見る限り、イギリスとスペインで

---

[47] 2004年5月26日、27日のベルリンにおけるPZに関する国際会議のタイトルとテーマである。

あった。この手法に関する課題は、多くの国々では明らかである。他言語におけるPZ手法の拡大は、時間を割き、この手法を広く伝える特定の個人の存在に明らかに関わっている。その中に、ネッド・クロスビー（アメリカ）、篠藤明徳（日本）のように、4日間のPZにおける進行役、情報提供者、会議のアシスタントとして参加した人がいる。それを通してPZの考えを普及する上で影響を与えた例として、ここでは2つの国を取り上げたい。

日本：篠藤教授は、ドイツに滞在していた1990年代にPZと出会っている（Shinoto 2005, pp. 125-127）。それから、雑誌や新聞を通して日本でその手法を紹介した。しかし、決定的であったのは、最も影響力のある政治学者のひとりである篠原一の著した「市民の政治学」が2004年に出版されたことであった。同書でPZは紹介され、評価されている。

2005年3月11日、東京で"日本プラーヌンクスツェレ研究会"が創設された。このグループは、多様な人々によって構成されている。つまり、異なった大学の若い研究者、役人、ジャーナリスト、弁護士、経営者などである。そこでは、異なった研究計画が進んでいる。例えば、ドイツのPZプロジェクトの実証的調査、日本の事情に合わせたPZモデルの適用などである。

別府大学は、"プラーヌンクスツェレ"を特集した、写真も含んだ32ページの研究紀要[48]を出している。2006年9月、PZの日本版が東京都（人口約1000万人）三鷹市で成功裡に実施された。同市の清原慶子市長は、その新しい参加手法に大変興味を持った[49]。最近、篠藤明徳教授の書いたPZに関する著書（『まちづくりと新しい市民参加―ドイツのプラーヌンクスツェレの手法―』、イマジン出版）が2000部出版された。

スペイン："プラーヌンクスツェレ"はもう大分以前にスペイン語で出版されている（Dienel/Harms 2000）。スペイン語諸国の読者

---

[48] 「地域社会研究11号」2005年9月発行
[49] 2006年10月9日、篠藤教授からのメール

は、参加手法PZのこの翻訳を読むことができる。PZプロジェクトの多くが既にスペイン、特に、アンダルシア州で実施された。既に50を超える自治体がこの手法の実施に関心を持っているとスペインから報告を受けている。この運動は、1992年、スペインのバスク地方で成功裏に実施されたPZプロジェクトから始まった。

　更なるプロジェクトがまた他のスペイン語圏で、例えば現在、多くの財団の資金を得て、エクアドルで計画されている。これらの計画の実施者は、スペイン、セバスチャンにあるシティコン研究所のハンス・ハルムスである。

4　展望

　我々の社会で現出している諸問題はとても大きい。それらは脅迫的で喫緊の問題である。それは人々を不安に落としいれ、多くの議論を引き起こしている。しかしながら、もし我々が、"プラーヌンクスツェレによる市民鑑定"という参加手法で、それらを正しく、忍耐力を持って取り組むならば、現実的で、人間に相応しい将来を作ることができる。これまで解決できないと思われ、或いは、困難であると見なされた紛争に対しても、政治家は、既に、実現できる解決案を持っている。人間は、もっと"人生の意味"や市民としての"アイデンティティ"を手に入れる。人間は、遂に"理性"を持ち込むことができる。実現可能な（我々全てにとっての）"長期的展望"を発展させることができる。我々が耳を傾けるべき、その参加手法によって可能である。というのは、次のことが明らかになるからだ。"未来は作ることができる！"

訳者あとがき

　ディーネル教授は私にもともと彼の主著である「プラーヌンクスツェレ」("Die Planungszelle-Der Bürger als Chance", Westdeutscher Verlag）を訳すように強く薦めていた。今回は、その主著を訳す前に、先生の最後の著書である本書を翻訳することにした。先生の願いが部分的にでも実現できたとしたら、本当にうれしく思う。

　本書の原題は、「民主的で、実践的で、グットな！―プラーヌンクスツェレと市民鑑定の特徴、機能、展望」("Demokratisch, Praktisch, Gut—Merkmale, Wirkung und Perspekitiven von Planungszelle und Bürgergutachten—"）である。最初の部分は、ドイツ人に好かれているチョコレートの宣伝文句をもじったものである。つまり、本書は、プラーヌンクスツェレをもっと一般に普及させるために書かれたものである。従って、その内容は学術的というよりも、一般の人向けに書かれている。しかし、主著に比べて、先生の主張はより端的に語られているように思う。

実践的手法プラーヌンクスツェレ
　本書を手に取られている読者の中には、拙著「まちづくりと新しい市民参加―ドイツのプラーヌンクスツェレの手法―」（イマジン出版）を既に読まれた方も多いと思う。そこでは、ノイス、レンゲリッヒの具体的事例を含め、プラーヌンクスツェレの手法について説明しているが、本書の「訳者まえがき」でも書いたように、1973年の実施以来、プラーヌンクスツェレは異なった多くの分野で実施されてきた。都市計画、環境問題、先端科学技術、外国人市民との共生、高齢者問題、交通インフラの整備、エネルギー問題、行政組織改革、情報技術など、実に多様な公共分野で適用されてきた。そして、実施レベルも自治体からEUのレベルまでと、その実績は驚

くばかりである。このように多面的、多元的実施を通し、無作為に抽出された一般市民は、情報提供を受けながら、互いに真剣に討議し、社会全体が受容できる解決策を考えることができることを実証してきた。ディーネル教授の功績は、何と言っても、プラーヌンクスツェレという実践的手法を開発し、市民による具体的解決策を提示してきたことである。従って、本書を初めて読む方には、上記の拙著も併せて読まれることを薦めたい。

古代ギリシャの民主主義
　ただ、本書で明らかなように、教授は現代社会の問題解決を民主主義の深化に求め、その具体的方法としてプラーヌンクスツェレを考案された。しかし、民主主義を考える場合、プラーヌンクスツェレにおける「参加者の無作為抽出」や「参加に対するお金の支払い」に違和感を覚える読者も多いだろう。教授は本書で、民主主義の原点である古代ギリシャの例を引き、こうした要素は、当時、民主主義の制度として当たり前であったと述べている。
　アテナイの民主政治では、職業的役人を認めず、任期を1年として、財産に関係なく日当が支払われ、すべての市民から籤で選ばれた者が役人になった。最高の行政官アルコンも同様である。1年の任期が終了すると執務報告書を提出し、市民はそれを自由にチェックし、不正を弾劾できたという。最高意思決定機関である民会には、あらゆる市民が参加し、年40回以上会議を開かれた。議案を提出する500人からなる評議会のメンバーも市民から籤で選ばれた。裁判における審判員も籤で決められている（「世界の歴史」2、中央公論社、参照）。
　確かに、市民の数が3万から4万の都市国家であったアテナイの民主政治は、奴隷制を基礎とし、今日の専門的、広域的国家と様子を異にしているが、現代の市民社会、民主主義制度の原点に絶えず立ち返りながら、検討することは大変意義がある。古代ギリシャにおける市民の討議に"公共性"の原点を見出したのは、ハンナ・ア

ーレントばかりではない。最近は、ドイツでも代表制民主主義に対して「籤の民主主義」（例：Demokratie und Lotterie, Hubertus Buchstein, Campus 2009）が研究され始めている。

民主主義のバージョンアップ

　今日の社会において、私たちは「統治されている」実感はあっても、「統治している」実感はない。にもかかわらず、私たちの社会は民主主義に基づいているとなぜ思っているのだろうか。それは、一人ひとりに平等に与えられている1票を投ずる「投票」という行為を通して、辛うじて「民主主義」を信じているからである。民主主義の制度は、3権分立、審議会、国民・住民投票など様々な工夫によって補完されてきた。しかし、民主主義は「虚構」ではないか、と多くの人々が思い始めている。根底が揺らいでいるのである。ディーネル教授は、現在、民主主義制度はもう一段バージョンアップしなければならないところに来ていると考えている。つまり、人々が日々の仕事や義務から解放されて、「市民」になる道を拓くことである。本書では、公共課題に関する、こうした市民参加は、私たちの人生にとっても決定的意味があると説いている。こうした高らかな宣言を読者は本書に見ることだろう。

　プラーヌンクスツェレは、討議デモクラシーの一丁目一番地といわれるミニ・パブリックスの代表的手法であるが、教授が考案されたのは、1960年代の終わりから70年代初頭にかけてであった。奇しくも、大西洋を隔てたアメリカで、ほぼ時を同じくしてネッド・クロスビー博士が市民陪審（Citizens Jury）を考案された。40年近くの時を経て、現在、討議デモクラシーの実践として、世界的にこの両手法が注目されていることは大変感慨深い。しかし、ディーネル教授の夢は、今、緒に就いたばかりであるといえる。民主主義の新しい制度として確立され、全ての人々が「市民」として登場する日はまだまだ遠い。しかし、本書は、読者にそのことを熱く語りかけている。

翻訳にあたって

　本書の翻訳にあたって、逐語的に訳すことは止めた。先生は、日本人の読者に分かるように訳してくれ、といつもおっしゃっていたからである。しかし、そうはいっても、先生のドイツ語の文章は多くの箇所で難解であった。これは私の語学力の不足に負うところが大きい。その際、私のドイツ人の妻マリアの助けが必要であったが、彼女も首を傾げることが時折あった。ただ、先生の言いたいことは何とか日本語にできたのでは、と思っている。

　訳語について一言。私は長い間、「Bürgergutachten」を「市民答申」と意訳してきた。これは、「鑑定」という言葉が「専門家鑑定」の意を強く含んでいるから誤解を招くのではと危惧したためである。そのため、政治決定者からの委託に対する重い政治的助言というプラーヌンクスツェレの性格を出すために、「答申」と意訳してきた。しかし、本書では、ドイツ語（Gutachten）の字義通りに「鑑定」と訳し、「専門家鑑定」に対する「市民鑑定」とした。

日本で起こっている「市民討議会」の意義

　日本では、多くの若者が"プラーヌンクスツェレ"に刺激され、日本各地で「市民討議会」を実践している。先生が亡くなる直前、私の書いた前述の本が出版された時（2006年11月21日）、先生は大喜びされた。先生から寄せられた序言は、先生の出版された最後の文章になった。その年の12月13日に急逝されたのである。もし、先生がご存命であれば、この拙い訳本であっても、とても喜ばれただろうと思う。それは、先生が社会を良くしたいと一心に願い、グローバル社会の統治システムに多くの市民が関わることを真剣に願っていたからである。本書が地球の反対側で起こっている市民討議の運動に更なる刺激を与えることができれば、先生はご満足であろう。

　本書の最後に、プラーヌンクスツェレの普及には多くの市民が関わることが重要であると書かれているが、日本における「市民討

訳者あとがき

議」の運動は、各地の市民が手弁当で取り組んでいるものである。こうした政治刷新の運動は、本家ドイツにも大きな影響を与えている。

　本書の出版を快く引き受けていただいたイマジン出版に心から感謝したい。片岡幸三社長はいつも温かく見守ってくださり、青木菜知子さんからは早く執筆するように催促していただいた。原文に引っ張られて、訳文がこなれていない個所を、読者の視点で指摘していただいたのも青木さんであった。最後に、日本の考古学を研究しながらも、私の話し相手（多くの場合、論敵）である妻マリアに感謝したい。ドイツ人の徹底的な思考と身近に触れる機会を毎日与えてもらっている。

参考文献

Almond, Gabriel/Verba, Sidney 1963: The Civic Culture, Princeton. New Jersey

Aurich, Heli 1976: Partizipation an der Stadtplanung. Basel

Barnes, M. 1999: Building a Deliberative Democracy An evaluation of two Citizen's Juries. London, Institute for Public Policy Research

Barnett, Boak 1971: Education and Communism in China. New York

Bernstein, Basil 1959: Sozio-kulturelle Determinanten des Lernens mit besonderer Berücksichtigung der Rolle der Sprache, in: Peter Heintz (Hrsg.), Soziologie der Schule. KZfSS-Sonderheft 4

Bettelheim, Bruno 1969: Die Kinder der Zukunft. Gemeinschaftserziehung als Weg einer neuen Pädagogik. München

Brand, Jürgen 2005: Die PZ baut Vertrauen auf, in: Dienel 2005a.

Bringolf, Walter 1969: Die Demokratische Gemeinde, Heft 10

Bronfenbrenner, Urie 1972: Zwei Welten. Kinder in USA und UdSSR. Stuttgart

Brown, Ivor 1973: Why Community Participation? in: Administration. Bd. 21 Dublin

Brunner 1966: Die Landesverteidigung der Schweiz. Frauenfeld/Stuttgart

Claessens, Dieter 1972: Familie und Wertsystem. Berlin

Claessens, Dieter 1969: Rollentheorie als bildungsbürgerliche Verschleierungsideologie, in: Spätkapitalismus oder Industriegesellschaft? Verhandlungen des 16. Deutschen Soziologentages. Stuttgart, S. 270 ff.

Cohen, A. K 1961: Kriminelle Jugend. Zur Soziologie jugendlichen Bandenwesens. Reinbek

Coote, A, Lenhaglan, J. 1997: Citizen's Juries: From Theory to Practice. IPPR, London

Crosby, N., Nethercut, D. 2005: Citizens Juries: Creating a Trustworthy Voice of the People, in: Levine P., Gastil, D.: The Deliberative Democracy Handbook: Strategies for Effective Civic Engagement in the Twenty-First Century. New York, Wiley, 111-120

Curdes/Böttcher/Merk, 1972: Handbuch für die Erarbeitung von

Standortprogrammen. Aachen
Davidoff, Paul 1972: Anwaltsplanung und Pluralismus in der Planung, in: Lauritz Lauritzen (Hrsg.): Mehr Demokratie im Städtebau. Hannover 1972, S. 153
Demerath N. J./Baker, G. W. 1951: The Social Organization of Housebuilding, in: Journal of Social Issues
Dienel, Hans-Liudger (ed.) 2007: European Citizens' Consultation. Citizens' Report: Key Points for an Open, Ecological and Civil Europe. Berlin, nexus Institute.
Dienel, Peter C. 2006a: 4 bis 5 Millionen Arbeitslose. Reflexionen zur Lösung eines Problems, in: Forschungsstelle Bürgerbeteiligung der Bergischen Universität Wuppertal, Juni 2006.
Dienel, Peter C. 2006b, Der Staat als Pflegefall. Eine Chance für uns Christen?, in: Evangelium und Wissenschaft, 27. Jahrgang. 2006, Heft 1, Mai 2006, p. 12-31.
Dienel, Peter C. (Hrsg.) 2005a: Die Befreiung der Politik. Verlag für Sozialwissenschaften, Wiesbaden
Dienel, Peter C. 2005b: Die kommende Verstetigung des Angebotes Bürgerrolle, in: Dienel 2005a, S. 150-174.
Dienel, Peter C. 2002: Die Planungszelle. Der Bürger als Chance. 5. Auflage, Westdeutscher Verlag, Opladen
Dienel, Peter C. 2000: Der Politik zur Vernunft helfen – Ein Auftrag für die Gemeinde, in: Blickpunkt Gemeinde, Heft 1/2000.
Dienel, Peter C. 1978: Die Planungszelle. Eine Alternative zur Establishment Demokratie. Westdeutscher Verlag, Opladen.
Dienel, Peter C. 1977: Bürger planen Haspe. Die Testläufe der ›Planungszelle‹ in Hagen-Haspe. Ein Untersuchungsbericht, vorgelegt unter Mitwirkung von Detlef Garbe und Bernd Wyborski, Schriftenreihe Landesund Stadtentwicklungsforschung des Landes Nordrhein-Westfalen, Stadtentwicklung – Städtebau, Band 2.020, Dortmund
Dienel, Peter C. 1973: Bildungsurlaub als Planungsurlaub, in: Deutscher Bildungsrat (Hrsg.), Bildungsurlaub als Teil der Weiterbildung – Materialien, Band 28, Stuttgart 1973, S. 150 ff.
Dienel Peter C. 1971c: Wie können die Bürger an Planungsprozessen beteiligt werden? Planwahl und Planungszelle als Beteiligungsverfahren, in: Der Bürger um Staat. 21. Jahrgang, Heft 3/1971, S 151 ff.

Dienel, Peter C. 1971b: Bürgerinitiative und Selbstverwaltung. Zur Partizipation an Planungsprozessen, in: Cappenberger Gespräch »Der aktive Bürger. Utopie oder Wirklichkeit?«, Stuttgart

Dienel, Peter C. 1971a: Partizipation an Planungsprozessen als Aufgabe der Verwaltung, in: die Verwaltung, Heft 2/1971, S. 151 ff.

Dienel, Peter C./Harms, Hans 2000: Repensar la democracia. Los Núcleos de Intervención Participativa. Ediciones des Serbal, Barcelona

Dunkerley, D., Glasner, P. 1998: Empowering the public? Citizen's Juries and the new genetic technologies. Critical Public Health 8: 181–192

Eberle, Hans-Jürgen 1972: Abkömmlichkeit und Arbeitsplatzsicherung als Problem der Planpflicht – dargestellt am Beispiel der Wehrübung. Diplomarbeit, Wuppertal

Erikson, E. H. 1957: Kindheit und Gesellschaft. Zürich/Stuttgart Fink, W. 1973: Wie kann der Bürger am Planungsgeschehen beteiligt werden?, in: Kommunalpolitische Blätter 12/1973

Fuhrmann, R. 2005: Den Wandel gestalten. KMU Magazin, H9.

Garbe, Detlef/Hoffmann, Michael 1988: Soziale Urteilsbildung und Einstellungsänderung in Planungszellen. Forschungsstelle Bürgerbeteiligung, Bergische Universität Wuppertal. 3. Auflage 1992 in der Reihe »Werkstattpapiere« Heft Nr. 25

Göb, Rüdiger 1977: Innerstädtische Koordination. Erfahrung mit der Bezirksverfassung, in: Vereinigung der Stadt-, Regionalund Landesplaner (Hrsg.), Information 1/1977

Hamburger dos Reis, Susanne 2005: Laien erleben die Bürgerrolle, in: Dienel 2005a Hamm, Bernd 1973: Betrifft Nachbarschaft. Verständigung über Inhalte und Gebrauch eines vieldeutigen Begriffs. Düsseldorf Richard Hauser

Heine, Michael 2005: Glücksspiel und Stürzbierkontest, in: taz 4./5. Juni 2005, S. 13 Huget, H. 2007: Demokratisierung der EU. Normative Demokratietheorie und Governance-Praxis im europäischen Mehrebenensystem. VS Verlag, Wiesbaden.

Johnson, Nevil 1973: Government in the Federal Republic of Germany: the executive at work. Oxford, New York, Toronto, Sydney, Braunschweig

Jouhy, Ernest 1974: Zur politischen Soziologie von Bürgerinitiativen, in: Materialien zur politischen Bildung, Heft 1/1974

Jungk, Robert 1973: Der Jahrtausendmensch. München

Kirchheimer, Otto 1967: Politische Herrschaft. Frankfurt
Kirsch, Guy 1974: Die Betroffenen und die Beteiligten. München
Klages, Helmut 2007: Beteiligungsverfahren und Beteiligungserfahrungen. Friedrich-Ebert Stiftung Bonn.
Klages, Helmut 1975: Die unruhige Gesellschaft. München
Klages, Helmut 1968: Der Nachbarschaftsgedanke und die nachbarliche Wirklichkeit in der Großstadt. Stuttgart – Berlin – Köln – Mainz
Klages, Helmut, Daramus, C., Masser K. 2008: Das Bürgerpanel, Ein Weg zu breiter Bürgerbeteiligung. Deutsches Forschungsinstitut für öffentliche Verwaltung Speyer, Speyer.
Koch-Mehrin, Silvana 2005: Sind die Ängste der Parteien vor den Laien begründet?, in Dienel 2005a, S. 110–113
Kuper, R. 1996: Citizen's Juries: The Hertfordshire Experience. Working Paper, University of Hertfordshire Business School, UK Leinen, Jo 2005: Sind die Ängste der Politik begründet? in: Dienel 2005a, S. 100–105
Lepsius, M. R. 1973: Wahlverhalten. Parteien und politischen Spannungen, in: PVS 2/1973
Liegle, Ludwig 1970: Familienerziehung und sozialer Wandel in der Sowjetunion. Heidelberg
Liegle, Ludwig 1972: Familie und Kollektiv im Kibbutz. Weinheim
Lietzmann, Hans J. 2005: Die zivilgesellschaftliche Gestaltung politischer Kontroversen, in: Dienel 2005a
Lipscomb (Hrsg.) 1903: The Writings of Thomas Jefferson. DC, Memorial Edition Bd. XV
Lumann, Niklas 1972: Rechtssoziologie. Reinbek bei Hamburg
Mahraun, Arthur 1927: Jungdeutsches Manifest. Berlin
Marcic, René 1957: Vom Gesetzesstaat zum Richterstaat. Wien
Mayer-Tasch, Peter Cornelius 1976: Die Bürgerinitiativbewegung. Reinbek bei Hamburg
McCormick, J./E. Kendall 1995: A Flutter on the Future? Why the National Lottery needs Citizens' Juries. IPPR Monograph
Michels, Robert 1957: Zur Soziologie des Parteiwesens in der modernen Demokratie. Stuttgart
Naschold, Frieder 1968: Demokratie und Komplexität, in: PVS
Neuffer, Martin 1973: Entscheidungsfeld Stadt, Kommunalpolitik als Gesellschaftspolitik. Stuttgart

Nizard, Lucien 1972: Planification, processus décisionelle et changement: Le cas francais, in: Bulletin de l'Institute International d'Administration Publique, 1972, 24, S. 673ff

Olson, Mancur 1968: Die Logik des kollektiven Handelns. Tübingen

Pállinger, Z.T (ed.) 2007: Direct democracy in Europe. Developments and prospects. VS Verlag, Wiesbaden.

Pfeil, Elisabeth 1963: Zur Kritik der Nachbarschaftsidee, in: Archiv für Kommunalwissenschaften

Rau, Johannes 2005: Die Planungszelle steht vor einem Kommunikationsproblem, in Dienel 2005a

Richardson, N.H. 1970: Participatory democracy and planning – the Canadian experience, in: Journal of the Town Planning Institute (London) 36, Heft 2, S. 52-55

Rieg, Timo 2004: Verbannung nach Helgoland. Reich und glücklich ohne Politiker. Berlin, Konsortium

Schluchter, Wolfgang 1972: Aspekte bürokratischer Herrschaft. München

Schmitt-Glaeser, Walter 1973: Partizipation an Verwaltungsentscheidungen, in: Veröffentlichungen der Vereinigung der Deutschen Staatsrechtslehre, Heft 31/1973

Schultze, Annedore 1974: Die Rolle des Prozessbegleiters in Laienplanungsgruppen (dargestellt am Modell Planungszelle). Diplomarbeit, Wuppertal

Schumpeter, Joseph A. 1950: Kapitalismus, Sozialismus und Demokratie. 2. Aufl., Bern

Schumpeter, Joseph A. 1972: Kapitalismus, Sozialismus und Demokratie. Stuttgart (3. Auflage)

Schweinsberg, Klaus 2000: Wenn der Zufall mitregiert. Über eine ungewöhnliche Idee, die Politik zu reformieren, in: DIE ZEIT, 10.2.2000, S. 55

Shinoto, Akinori 2005: Die Planungszelle in Japan, in: Dienel 2005a, S. 125-129

Smith, G., Wales, C. 2000: Citizen's Juries and Deliberative Democracy, Political Studies 48: 51-65.

Steinberger, R. 1973: Die Interessenverbände, in: PVS 1/1973

Stiftung Mitarbeit (Hrsg.) 1996: Bürgergutachten Üstra. Attraktiver Öffentlicher Personenverkehr in Hannover. Bonn.

Sturm, Hilmar 2005: Planungszellen-Teilnahme produziert Identität, in: Dienel

2005a, S. 40-44.

Szmula, Volker 1976: Partizipationsausweitung in sozialen Entscheidungsprozessen, Beilage zur Wochenzeitung »Das Parlament«, B48/76

Tarkiainen, Tuttu 1972: Die athenische Demokratie. München

Toffler, Alvin 1970: Der Zukunftsschock. Bern – München – Wien

Ungers, L. und O. M. 1972: Kommunen in der Neuen Welt 1740-1972. Köln

Vaihinger, H. 1924: Die Philosophie des Als Ob. Leipzig

Vergne, A., 2008: Les jurys citoyens. Une nouvelle chance pour la démocratie? Fondation Jean-Jaurès, Paris.

Vilmar, Fritz 1973: Strategien der Demokratisierung. Darmstadt

von Arnim, Hans Herbert 1977: Gemeinwohl und Gruppeninteressen. Die Durchsetzungsschwäche allgemeiner Interessen in der pluralistischen Demokratie. Frankfurt a. M.

von Gizycki, Horst 1974: Aufbruch aus dem Neandertal. Entwurf einer neuen Kommune. Darmstadt und Neuwied

von Hentig, Hartmut 1973: Die Wiederherstellung der Politik. München

von Rekowski, E.: Außenseiter in Laienplanergruppen. Unveröffentlichte Diplomarbeit, Wuppertal

Wakeford, T., 2002: Citizen's Juries: a radical alternative for social research, in: Social Research Update 37 (http://sru.soc.surrey.ac.uk/SRU37.pdf).

Wallach, M. A., Kogan, N., & Bem, D. J. 1962: Group influence on individual risk taking. Journal of Abnormal and Social Psychology, 65, 75-86

Wittkämper, G. W. 1972: Die Teilnahme Betroffener bei Planungsvorgängen – Ressourcenplanung, in: Gesellschaftlicher Wandel und politische Innovation, Opladen

Wood u. a. 1966: Planners People, in: Journal of the American Institute of Planners

写真著作権

図1：Ilse Burgass

図3-5、7、9、10、12、13、18、20-24、26：Nexus

図6：H. L. Dienel

図25：Archiv Otto-Lilienthal-Museum/www.lilienthal-museum.de

著者紹介

ペーターC. ディーネル（1923年10月28日誕生、2006年12月13日死去）
ディーネルは生前、ヴパタール大学における社会学教授であり、同時に、同大学市民参加・計画手法研究所の所長であった。世界的レベルにおいて直接民主主義に最も顕著な貢献した一人と考えられている。本書は、同教授の死の直前、その草稿が完成したものである。ここでは、市民参加の手法プラーヌンクスツェレ・市民鑑定の実施について、情熱的に、かつ、実践的に述べられている。

訳者紹介

篠藤　明徳（しのとう　あきのり）
別府大学地域社会研究センター所長（教授）。専門は、市民参加論、地方自治論。
東京大学文学部西洋史学科卒業後、渡独。ケルン大学、ボン大学で歴史学、政治学を学ぶ。その後、バーデン・ビュルテンベルク州の対日広報に従事。
ドイツ滞在時、ペーター・ディーネル教授に師事。プラーヌンクスツェレに直接関わり、同教授から指導を受ける。教授の死後設立されたプラーヌンクスツェレ推進者ネットワーク（現、市民鑑定・質管理のためのネットワーク）の創設メンバーでもある。

市民討議による民主主義の再生
──プラーヌンクスツェレの特徴・機能・展望

発行日	2012年2月3日
著　者	ペーターC・ディーネル
訳　者	篠藤　明徳 ⓒ
発行人	片岡　幸三
印刷所	株式会社シナノ
発行所	イマジン出版株式会社

〒112-0013　東京都文京区音羽1-5-8
電話　03-3942-2520　FAX　03-3942-2623
HP　http://www.imagine-j.co.jp/

ISBN978-4-87299-594-7　C2031　¥1800
落丁、乱丁の場合は小社にてお取替えいたします。